进 阶 式 对 外 汉 语 系 列 教 材
A SERIES OF PROGRESSIVE CHINESE TEXTBOOKS FOR FOREIGNERS

# 成功之路 3
## ROAD TO SUCCESS

### 进步篇
#### UPPER ELEMENTARY

主　编　邱　军
副主编　彭志平
执行主编　张　辉
编　著　牟世荣
　　　　张　辉

北京语言大学出版社
BEIJING LANGUAGE AND CULTURE
UNIVERSITY PRESS

ROAD TO SUCCESS
A SERIES OF PROGRESSIVE CHINESE
TEXTBOOKS FOR FOREIGNERS

**图书在版编目（CIP）数据**

成功之路.进步篇.第3册/牟世荣，张辉编著.
－北京：北京语言大学出版社，2010.7重印
ISBN 978-7-5619-2386-3

Ⅰ.成… Ⅱ.①牟…②张… Ⅲ.汉语－对外汉语教学－
教材 Ⅳ.H195.4

中国版本图书馆CIP数据核字（2009）第109754号

| | |
|---|---|
| 书　　　名： | 成功之路·进步篇（第三册） |
| 版式设计： | 张　娜 |
| 责任印制： | 汪学发 |

出版发行：**北京语言大学出版社**

| | |
|---|---|
| 社　　　址： | 北京市海淀区学院路15号　　邮政编码：100083 |
| 网　　　址： | www.blcup.com |
| 电　　　话： | 发行部 82303650/3591/3651 |
| | 编辑部 82303647 |
| | 读者服务部 82303653/3908 |
| | 网上订购电话 82303668 |
| | 客户服务信箱 service@blcup.net |
| 印　　　刷： | 北京联兴盛业印刷股份有限公司 |
| 经　　　销： | 全国新华书店 |

| | |
|---|---|
| 版　　　次： | 2009年7月第1版　2010年7月第2次印刷 |
| 开　　　本： | 889毫米×1194毫米　1/16 |
| 印　　　张： | 课本 12/听力文本及练习答案 2 |
| 字　　　数： | 250千字 |
| 书　　　号： | ISBN 978-7-5619-2386-3/H·09103 |
| 定　　　价： | 52.00元 |

凡有印装质量问题，本社负责调换。电话：82303590

第七单元　跨文化交流

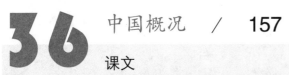

# 第七单元 跨文化交流

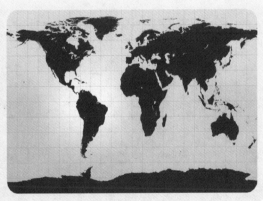

你学习汉语的时候，发生过什么有意思的事情吗？

 **课文** 🔊录音02

我在国内一所国际型大学当助教，单身
一人，经常在学校的食堂吃饭。我们学校有
一个自助式餐厅，那里既有中餐，也有西
餐。因为口味丰富、价格合理，那家餐厅吸
引了不少外国留学生，我也是那里的常客。
时间长了，在那里我逐渐结识了一些外国朋
友，也积累了不少有趣的小故事。

我和马克是因为"鸡胸肉"和"比萨
饼"而成为朋友的。有一天中午，餐厅里人
很多，我正坐在餐桌旁埋头吃饭，一位留学
生走了过来，坐在了我旁边的空座位上。我
抬起头来，微笑着跟他说了声"你好！"，他
也热情地回应了我一句。于是，我们就自然
地用中文聊起天儿来。他才学了一个多月的
汉语，所以只会说一些简单的话。他指着自

生词 🔊录音01

1 餐厅 cāntīng （名）dining hall
2 趣事 qùshì （名）
　　amusing episode
3 所 suǒ （量）*a measure word for houses, schools, buildings, etc.*
4 国际 guójì （名）international
5 型 xíng （尾）model; pattern
6 助教 zhùjiào （名）
　　teaching assistant (in a university or college)
7 自助 zìzhù （动）self-service
8 式 shì （尾）type; style
9 丰富 fēngfù （形）abundant
10 价格 jiàgé （名）price
11 合理 hélǐ （形）reasonable
12 常客 chángkè （名）
　　regular customer
13 结识 jiéshí （动）get to know(sb.)
14 积累 jīlěi （动）accumulate
15 有趣 yǒuqù （形）
　　interesting; funny
16 鸡胸 jīxiōng（名）chicken breast
17 比萨饼 bǐsàbǐng （名）pizza
18 餐桌 cānzhuō （名）dining-table
19 空 kòng （形）unoccupied
20 抬 tái （动）raise
21 微笑 wēixiào （动）smile
22 回应 huíyìng （动）
　　answer; response

己盘子里的一只鸡腿，告诉我他不太喜欢吃这个。我问他："那你喜欢吃什么？"他用力地拍着自己的胸脯说："我喜欢吃这个！"他看我没明白他的意思，就一边拍着胸脯，一边不断地用英语重复着，"是 chicken breast! Chicken breast!"这时，我才恍然大悟，我们都忍不住哈哈大笑起来。

还有一次，马克对我说，"那边有比萨，中国的比萨，很好吃。你不想尝尝吗？"我觉得很纳闷："刚才我看了一圈，今天没有比萨饼啊。"他眼睛一瞪："有，就在那边！"说着，拉起我就朝摆着馅饼的地方走去。

我的另一个朋友曼达姆更是有趣。有一次，他问我为什么总吃蔬菜，不吃肉。我告诉他："我怕胖，所以很少吃肉。"他瞪大了眼睛对我说："小姐，我很不理解你。你宁愿放弃那么好吃的肉，也要减肥？难道你不后悔？你的肚子能答应你吗？"

后来有一天，曼达姆端着满满一盘子蔬菜沙拉坐到我的对面，得意地说："今天我也向你学习，只吃蔬菜，不吃肉了。你看，

| | |
|---|---|
| 23 盘子 pánzi（名）plate | |
| 24 用力 yòng lì（动）exert oneself | |
| 25 胸脯 xiōngpú（名）chest; breast | |
| 26 不断 búduàn（副）ceaseless; constantly | |
| 27 恍然大悟 huǎngrán dà wù suddenly comprehend | |
| 28 忍不住 rěn bu zhù unable to bear | |
| 29 哈哈 hāhā（象声）ha-ha | |
| 30 纳闷 nà mèn(r)（动）feel puzzled | |
| 31 圈 quān(r)（名）circle; ring | |
| 32 瞪 dèng（动）open (one's eyes) wide | |
| 33 朝 cháo（介）to; towards | |
| 34 摆 bǎi（动）put in a certain place | |
| 35 馅饼 xiàn(r)bǐng（名）meat pie | |
| 36 宁愿 nìngyuàn（连）would rather | |
| 37 端 duān（动）hold sth. level with both hands | |
| 38 满 mǎn（形）full; filled | |
| 39 沙拉 shālā（名）salad | |

这些蔬菜多新鲜、多年轻啊！"

我笑得几乎喷出了嘴里的饭。我告诉他，要用"嫩"或者"老"来形容蔬菜，不能说"年轻的蔬菜"。"年轻"这个词在汉语里一般是用来形容人的。当然，有时也可以用来形容一些事物，比如，年轻的城市、年轻的企业，等等。

曼达姆不同意我的说法："既然蔬菜可以用'老'来形容，为什么不能说蔬菜'年轻'？'老'的反义词不是'年轻'吗？"

我一时不知道该怎么回答他的问题。见我回答不上来，曼达姆感叹地说："唉！小姐，你的母语水平不太高啊！"

| | |
|---|---|
| 40 几乎 jīhū（副）nearly; almost |
| 41 喷 pēn（动）spurt; spray |
| 42 嫩 nèn（形）tender; delicate |
| 43 形容 xíngróng（动）describe |
| 44 事物 shìwù（名）thing; object |
| 45 说法 shuōfǎ（名） way of saying things |
| 46 反义词 fǎnyìcí（名）antonym |
| 47 一时 yìshí（副）offhand; momentarily |
| 48 感叹 gǎntàn（动）sigh with feelings |
| 49 唉 ài（叹）alas |
| 50 母语 mǔyǔ（名）mother tongue |

专 名

曼达姆 Màndámǔ
　a person's name

想一想　说一说　你有过用错汉语词语的时候吗？如果有，请你讲一讲。

## 词语扩展

**1** | 型 | 大型　中型　小型　新型　国际型　经济型

① 我在国内一所国际型大学当助教，……
② 他弟弟大学毕业以后，在一家大型企业工作。
③ 我最近买了一辆经济型汽车。
④ 这种新型手机价格不贵。

**2** | 式 | 中式　西式　新式　老式　互助式　自助式

① 我们学校有一个自助式餐厅，……
② 昨天我买了一件中式衣服，我打算送给我爸爸。
③ 我父母现在住在一所互助式的老年公寓里。
④ 我最喜欢的是橱窗里的那架老式相机。

**3** | 不断 | 不断努力　不断进步　不断地提高　不断地重复

① ……一边拍着胸脯，一边不断地用英语重复着，"是 chicken breast！Chicken breast！"
② 出国留学前，爸爸对我说："要努力学习，不断进步。"
③ 社会在不断发展，不断进步。
④ 老师说我们的汉语水平在不断地提高。

**比较**　"不停"和"不断"

(1)"不停"和"不断"都可以在句中作状语，但"不停"所修饰的一般是动作性比较强的动词。例如：

Both "不停" and "不断" can be used as adverbs in sentences, however, "不停" often modifies verbs with stronger senses of motion, eg:

看来他是饿极了，在那儿不停地吃，都吃了三碗米饭了。（✓）
看来他是饿极了，在那儿不断地吃，都吃了三碗米饭了。（✗）

（2）"不停"除了常在句中作状语以外，还可以作补语，"不断"却不能。例如：

Besides being used as an adverb in sentences,"不停" can also be used as a complement. However, "不断" cannot be used in this way, eg:

这场雨怎么总下个不停啊？ （✓）

这场雨怎么总下个不断啊？ （×）

**4** | 忍不住 | 忍不住笑了起来　忍不住哭了起来

① 我们都忍不住哈哈大笑起来。

② 我也知道这时候笑不好，可是我怎么也忍不住。

③ 听了他的话，大家都忍不住流下了眼泪。

④ 说到伤心（shāngxīn　broken-hearted）的地方，她忍不住哭了起来。

**5** | 朝 | 朝你点了点头　朝着我微笑　朝南走

① 说着，拉起我就朝摆着馅饼的地方走去。

② 正在朝着你微笑的那个人是谁？

③ 刚才我看见他朝你点了点头，你怎么不回应他呀？

④ 你一直朝南走，那座白楼旁边就是邮局。

**注意** "朝"的后边可加"着"，但跟表示方位的单音节名词组合时不能加"着"。例如：

"着" can be put after "朝". However, when "朝" is followed by a monosyllabic noun which indicates the direction, "着" cannot be used, eg:

门朝南开。 （✓）

门朝着南开。 （×）

**6** | 一时 | 一时不知道怎么回答　一时回不来

① 我一时不知道该怎么回答他的问题。

② 昨天我给在上海工作的妹妹打电话，她说最近很忙，一时回不来。

③ 他病得很厉害，看来一时好不了。

④ 她听了这个消息，高兴得一时不知道说什么好。

 语言点注释

> 1. 因为……而……
> 2. "一" + 动词
> 3. 宁愿……，也……
> 4. 副词"几乎"

### 1 因为……而……

"因为……而……"结构表示由于某种原因而产生某种结果。例如：

The structure "因为……而……" indicates that a certain result is caused by a certain reason, eg:

① 我和马克是因为"鸡胸肉"和"比萨饼"而成为朋友的。

② 她不想因为生病而耽误了学习。  dān wu

③ 飞机因为天气不好而暂时停飞。

④ 我觉得我们不能因为工作忙而不去照顾父母。

### 2 "一" + 动词

这个结构表示经过某一个短暂的动作就得出某种结果或者结论，所以"一+动词"的后面是一个表示结果或者结论的句子。例如：

This structure indicates that a certain result or conclusion is derived after a transient action takes place. As a result, "一+动词" is often followed by a clause suggesting the result or conclusion, eg:

我往里一看，她正在那儿看书呢。

① 他眼睛一瞪："有，就在那边！"
② 我往屋子里一看，啊，这么多人啊！
③ 老师一进来，教室里马上安静了下来。
④ 回到家我一想，得马上把这件事告诉我父母。于是，我拿起了电话。

**3** 宁愿……，也……

"宁愿"，副词。表示在比较利害得失之后选取一种做法。一般用在动词前，也可以用在主语前。有两种格式：

"宁愿" is an adverb, meaning to choose an option after balancing the advantages and disadvantages. It is often put before the verb or after the subject. There are two forms as follows:

（1）宁愿……，也要……
前一小句表示所选的做法，后一小句表示选取这一做法的目的。例如：

The preceding clause suggests the chosen option, while the following clause indicates the purpose of doing so, eg:

我宁愿不要财产，  也要跟他结婚。

① 你宁愿放弃那么好吃的肉，也要减肥？
② 他宁愿晚上少睡觉，也要把作业写完。
③ 妈妈宁愿自己受累，也要让孩子们过上幸福的生活。
④ 她宁愿不要财产（cáichǎn property），也要嫁给他。

（2）宁愿……，也不……

前一小句表示所选的做法，后一小句表示不选取的做法。例如：

The preceding clause suggests the chosen option, while the following clause indicates the abandoned one, eg:

① 我宁愿把这些东西扔掉，也不想给他。

② 他宁愿放弃这个机会，也不愿意被大家误解（wùjiě misunderstand）。

③ 我宁愿在家里看书，也不想跟他们去唱什么卡拉OK。

④ 她宁愿租房，也不买房，因为她觉得房价太贵了。

**4 几乎**

副词。在本课中表示眼看就要发生的事而结果并没有发生。

It is an adverb. In this lesson, it means that what seems to happen in a moment does not come about as expected.

（1）用在肯定句中，实际意思是否定的。例如：

It can be used in an affirmative sentence, conveying a negative meaning, eg:

今天早上堵车堵得特别厉害，我们8点上班，
我到办公室时几乎迟到了。

① 我笑得<u>几乎</u>喷出了嘴里的饭。

② 你把杯子往桌子中间放一放，刚才几乎掉下去了。

③ 你跟安娜长得太像了。那天我看见了安娜，几乎把她当成了你。

④ 他昨天晚上喝得太多了，几乎喝醉了。

**注意** 在肯定句中，"几乎"多用于不希望发生的事。

In an affirmative sentence, "几乎" is often used to indicate something one does not wish to happen.

(2) 用在否定句中。

It can be used in negative sentences.

表示希望发生的事时，意思为肯定的，含有"庆幸"的意思。例如：

It indicates what one wishes to happen. It is positive in meaning and indicates that "one was lucky", eg:

① 这次考试太难了，我几乎没通过。（通过考试了）

② 路上堵车，他们几乎没赶上火车。（赶上火车了）

表示不希望发生的事时，意思仍为否定的。例如：

While indicating something one does not wish to happen, it also expresses a negative meaning, eg:

③ 今天堵车堵得太厉害了，我几乎没迟到。（没迟到）

④ 你把杯子往桌子中间放一放，刚才几乎没掉下去。（没掉下去）

 练习

## 第一部分 词语练习

一、朗读下列词语，并用它们填空组成短语：

1. 大型  中型  小型  新型  国际型  经济型

| _____手机 | _____电脑 | _____城市 |
| _____企业 | _____比赛 | _____医院 |

2. 中式  西式  酒店式  新式  旧式  挂式  自助式  互助式

| _____学习 | _____服装 | _____空调 |
| _____服务 | _____婚礼 | _____社会 |
| _____大餐 | _____婚姻 | _____蛋糕 |

二、选择词语填空：

不断  忍不住  朝  一时  （因为……）而  宁愿  几乎

(1) 那个妈妈抱着孩子快步＿＿＿＿＿＿＿停车场走去。

(2) 我在外地，＿＿＿＿＿＿＿回不去，恐怕不能参加周末的聚会了。

(3) 我跟你不一样，我＿＿＿＿＿＿＿吃多了长胖，也不能饿着自己。

(4) 那个年轻人因为工作压力太大＿＿＿＿＿＿＿对自己失去了信心。

(5) 这次考试你＿＿＿＿＿＿＿没好好儿准备就通过了，要有信心，以后你一定能学好。

(6) 学习外语要＿＿＿＿＿＿＿地学习，＿＿＿＿＿＿＿地积累，才能＿＿＿＿＿＿＿地取得进步。

(7) 当时不知道为什么，我＿＿＿＿＿＿＿说出了那句伤害他的话。

(8) 香蕉摊主＿＿＿＿＿＿＿捡垃圾的人摆了摆手，捡垃圾的人犹豫了一下离开了。

(9) 看到老朋友，我高兴得＿＿＿＿＿＿＿不知道说什么才好。

(10) 最近你的作业＿＿＿＿＿＿＿出现错误，学习一点儿进步都没有，是什么原因？

(11) 虽然他家离学校很远，回一次家要将近两个小时，但是他＿＿＿＿＿＿＿受累，也要每天回家。

(12) 老人们因为儿女们工作太忙＿＿＿＿＿＿＿不愿意麻烦他们。

(13) 你变化太大了，刚才我＿＿＿＿＿＿＿没认出你来。

(14) 那个菜看起来很好吃，我实在＿＿＿＿＿＿＿先吃了一口。

## 三、用所给词语完成句子：

(1) 听到这个糟糕的消息，妈妈＿＿＿＿＿＿＿＿＿＿。（忍不住）

(2) 公司的工作计划还没有做好，你问我的安排，＿＿＿＿＿＿＿＿＿＿。（一时）

(3) 他没有说话，只是＿＿＿＿＿＿＿＿＿＿，于是我就知道同意了。（朝）

(4) 社会发展得很快，我们要＿＿＿＿＿＿＿＿＿＿。（不断）

(5) 他是一名"快乐的哥"，他不会＿＿＿＿＿＿＿＿＿＿。（因为……而……）

(6) 网络实在太了不起了，＿＿＿＿＿＿＿＿＿＿。（因为……而……）

(7) 今天这个年轻人连续工作了十五个小时，忙得＿＿＿＿＿＿＿＿＿＿。（几乎）

(8) 今天早上我起床起晚了，到教室的时候＿＿＿＿＿＿＿＿＿＿。（几乎）

(9) 妈妈说我太胖了，让我去跑跑步，可是我最不喜欢跑步了，＿＿＿＿＿＿＿＿＿＿。
（宁愿……，也不……）

(10) 就业难的一个重要原因是，很多人＿＿＿＿＿＿＿＿＿＿。（宁愿……，也要……）

(11) 老师＿＿＿＿＿＿＿＿＿＿，同学们都开始考试了。（一+V）

(12) 老人倒油的时候，＿＿＿＿＿＿＿＿＿＿，油就流进了葫芦里。（一+V）

第 **二** 部分　综合练习

**四、根据课文内容，完成相应的练习：**

1. 用指定词语回答问题：

(1)"我"是怎么结识外国朋友的？　（因为……而……）


(2)"我"和马克为什么大笑了起来？　（不断　忍不住）


(3)"我"为什么不吃馅饼？　（宁愿……，也……）


(4)曼达姆用什么词形容蔬菜的？他的话有什么结果？　（几乎）


2. 用所给词语完成语段：

　　我常常去＿＿＿＿＿＿＿＿＿＿（自助式）。在那儿吃饭时发生了一些有意思的事，现在想起来＿＿＿＿＿＿＿＿＿＿（忍不住）。其中的两件事给我留下了很深的印象。

　　有一天吃饭时，我遇到了马克。马克想说他不喜欢吃鸡腿，喜欢吃鸡胸脯。但是他不知道该怎么说鸡胸，他＿＿＿＿＿＿＿＿＿＿（一+V），就用力地拍起了自己的胸脯。曼达姆更有意思，当他知道我＿＿＿＿＿＿＿＿＿＿（因为……而……）时，觉得很惊讶："你怎么能＿＿＿＿＿＿＿＿＿＿呢（宁愿……，也……）？"而当他把"很嫩的蔬菜"说成"年轻的蔬菜"时，我＿＿＿＿＿＿＿＿＿＿（几乎）。

　　我觉得在那个＿＿＿＿＿＿＿＿＿＿（国际型），会积累不少有趣的故事。


3. 用自己的话复述这两个留学生的故事：

　　我们学校的自助式餐厅里经常有留学生去吃饭。有一天，马克……；曼达姆更有趣，……

**五、阅读下面的短文，完成相应的练习：**

　　　　托尼是一个生活在中国的新西兰人。六年前，他刚刚大学毕业，正在为自己的未来发愁时，一位在中国工作的澳大利亚朋友对他说："来中国吧，这里有很好的发展机会。"正是这句话，改变了他的人生轨迹（guǐjì）。

托尼一点儿也没犹豫，独自来到了中国，来到了北京。刚开始，这里的一切对他来说都是陌生的。他找到了一份教英语的工作，之后又做了一段时间的图片设计（shèjì）工作，现在他经营起了自己的酒吧。托尼用流利的汉语告诉记者，现在他不但逐渐适应了这里的生活，而且喜欢上了这里的生活环境。他对自己的事业非常有信心，希望将来能够扩大酒吧的规模（guīmó），在上海、南京等地连锁（liánsuǒ）经营。

与托尼不同，英国人卡罗斯来北京只有半年，他没有专门学汉语，所以他只能跟记者用英语交流。目前他是北京一所国际学校的足球教练。谈到来中国的原因，卡罗斯说是为了生活，想要"在中国赚大钱"。卡罗斯说，他和很多在中国的外国朋友都认为：一方面，如今中国发展很快，有很多机会；另一方面，外国人在中国的生活质量很高，因为收入水平高、生活费用低，只要肯努力，就能过上更舒适的生活。他说要是事业发展得好，他可以不回英国，长时间在中国住下去。

1. 用所给词语回答问题：

(1) 什么改变了托尼的一生？ （因为……而……）

(2) 现在托尼做什么生意？做得怎么样？ （经营　不断）

(3) 卡罗斯会说汉语吗？他为什么来中国？ （几乎　赚）

(4) 卡罗斯认为在中国生活或工作有哪些好处？他为什么说要住在中国？

（发展　宁愿……，也不……）

2. 把这篇短文改写为记者和托尼、卡罗斯的对话：

　　　　几乎　　一说……　　不断　　宁愿……，也不……

记者：托尼，你的汉语真好！

托尼：谢谢，我来北京六年了嘛。

记者：那时你怎么想到要来北京的呢？

托尼：＿＿＿＿＿＿＿＿＿＿＿＿＿＿＿＿＿＿＿＿＿＿＿＿

记者：_____

托尼：_____

_____

_____

## 六、选择下列语句完成语段：

① 想去商店买个软一点儿的

② 我对售货员说："您好，我要买个针头（枕头）。"

③ 我一时不知道怎么办才好，就走了

④ 我来到了学校附近的超市

⑤ 我急得指着她的身后，说："那是什么？"

⑥ 她怎么说没有呢

⑦ 于是我慢慢地重复说："我要买一个针头（枕头）。"

刚来中国的时候，我觉得我宿舍的枕头太硬，_____。_____，_____，她说他们不卖针头。_____，她也慢慢地回答："我们这儿没有针头。"可是我看见货架上放着好多枕头，_____？_____，她笑了："哦，那是枕头，不是针头。"_____。

## 第三部分　表达训练

## 七、听后说：录音03

生词：闹　　　nào　　　　make

笑话　xiàohua　　joke

好汉　hǎohàn　　true man

帅　　shuài　　　handsome

手套　shǒutào　　glove

提示词语

发音　有趣　说成　解释　好汉　服装市场　手套

很多外国人学汉语时，……

八、自由表达：

(1) 说一说你或者你周围的人学汉语闹的笑话。

(2) 你学习汉语有哪些收获和感想？

九、看图说话：

减　肥

① 妻子爱看电视，但是……（怕）

② 妻子让丈夫给她想个办法，但是……（一时）

③ ……

④ 丈夫回家……（几乎）

# 26 我在国外的留学生活

你觉得在国外留学是件很难的事吗？

 **课文** 录音05

说起在国外的留学经历，记忆中有两件事我怎么也忘不了。

十年前，我背着心爱的二胡，充满着对未来的希望，踏上了出国求学之路。那时，我的家境并不富裕。来到国外，刚刚安顿好，我就想去中餐馆打工，给自己挣些生活费。可是没想到，我去过的中餐馆都拒绝了我，原因是他们嫌我的英语水平不高，怕影响他们的生意。在我的人生道路上，我还是第一次遇到这样的挫折，感到一下子受了很大的打击。我不知所措地呆坐在街边的长椅上，不由得想起了我的家人，想起了一家人围坐在餐桌旁吃团圆饭的情景……想着想着，就忍不住流下了眼泪。不知什么时候，一位老人站到了我的面前："年轻人，你遇

**生词** 录音04

1 经历 jīnglì（名、动）
　experience; undergo
2 记忆 jìyì（名）memory
3 心爱 xīn'ài（动）love; treasure
4 二胡 èrhú（名）
　erhu, a traditional Chinese
　musical instrument
5 未来 wèilái（名）future
6 踏 tà（动）step on
7 求学 qiúxué（动）
　pursue one's studies
8 之 zhī（助）a particle word
9 家境 jiājìng（名）financial situ-
　ation of a family
10 富裕 fùyù（形）well-off
11 拒绝 jùjué（动）refuse; reject
12 嫌 xián（动）
　dislike; complain(of)
13 影响 yǐngxiǎng（动、名）
　affect; influence
14 人生 rénshēng（名）life
15 道路 dàolù（名）road; way
16 挫折 cuòzhé（名）setback
17 一下子 yíxiàzi（副）
　all of a sudden
18 打击 dǎjī（动）dampen; blow
19 不知所措 bù zhī suǒ cuò
　be at a loss what to do

到了什么伤心的事？我能帮你吗？"我简单地跟他说了说我的情况。听完我的话，老人诚恳地请我去他家里，说要跟我好好儿聊一聊。

坐在老人家里温暖的壁炉前，我听他讲述了他年轻时候的一些苦难经历。老人对待生活的那种乐观态度使我受到了很大的启发。

临走时，老人对我说："孩子，不要轻易地放弃。困难都是可以克服的。你无论如何都要坚持下去。从明天起，你来帮我修剪草坪吧。"

我心爱的二胡也同样给我带来了安慰和好运。一天晚上，我正拉着二胡，房东太太突然敲门进来。"这是什么乐器呀？声音太美妙了。"她一边说，一边拿起二胡研究起来。我告诉她，这是中国的传统乐器之一，叫"二胡"。她说她一直以为，只有钢琴这样的大型乐器，才能表达出人们的丰富情感，没想到只有两根琴弦的二胡也能演奏出这么美妙的音乐来，效果一点儿也不比钢琴差。看得出来，她对二胡非常感兴趣。

第二天，她还请来了好几个朋友到家里

20 呆 dāi（形）expressionless
21 不由得 bùyóude（副）
　　can't help doing sth.
22 伤心 shāngxīn（形）
　　heart-broken
23 诚恳 chéngkěn（形）
　　sincere; earnest
24 温暖 wēnnuǎn（形）warm
25 壁炉 bìlú（名）fireplace
26 讲述 jiǎngshù（动）tell about
27 苦难 kǔnàn（名）
　　suffering; misery
28 对待 duìdài（动）treat
29 态度 tàidu（名）attitude
30 使 shǐ（动）make; cause
31 启发 qǐfā（动）
　　inspire; enlighten
32 临 lín（介）
　　be about to; just before
33 轻易 qīngyì（副）
　　easily; lightly; rashly
34 克服 kèfú（动）overcome
35 无论如何 wúlùn rúhé
　　whatever
36 修剪 xiūjiǎn（动）mow; prune
37 草坪 cǎopíng（名）lawn
38 好运 hǎoyùn（名）good luck
39 房东 fángdōng（名）the owner
　　of the house
40 敲 qiāo（动）knock
41 声音 shēngyīn（名）sound
42 美妙 měimiào（形）
　　splendid; wonderful
43 钢琴 gāngqín（名）piano
44 表达 biǎodá（动）
　　express; convey
45 情感 qínggǎn（名）
　　feeling; emotion

来专门听我拉二胡，还推荐我到她朋友开的咖啡馆去演奏。后来，我们大学的音乐社团也邀请我参加。我们的社团经常去外面演出，我的二胡让我结识了很多朋友。

虽然我已经回国多年了，但那些善良的人们和难忘的经历仍然留存在我的记忆中。

| 46 琴弦 qínxián（名）string（of a musical instrument） |
| 47 演奏 yǎnzòu（动）play a musical instrument |
| 48 差 chà（形）inferior to |
| 49 推荐 tuījiàn（动）recommend |
| 50 社团 shètuán（名）community |
| 51 难忘 nán wàng unforgettable; memorable |
| 52 留存 liúcún（动）preserve; remain; keep |

**想一想　说一说**　请讲一讲你的留学生活中一件难忘的事。

 词语扩展

① ┃之┃ 成功之路　成功之门　求学之路　爱国之心　手足之情

① 十年前，我背着心爱的二胡，充满着对未来的希望，踏上了出国求学之路。
② 只要你不断地努力，就会打开成功之门。
③ 我们都爱自己的国家，每个人都有一颗爱国之心。
④ 他们兄弟之间的手足之情让人感动。

② ┃嫌┃ 嫌少　嫌麻烦　嫌声音大

① 原因是他们嫌我的英语水平不高，……
② 在这里打工一个月能挣三千块钱，可是他嫌少。
③ 他喜欢帮助别人，从来不嫌麻烦。
④ 我同屋在写作业，他嫌房间里电视的声音太大。

**3** 影响　影响了生意　有很大的影响　受……的影响　在……的影响下

① 原因是他们嫌我的英语水平不高，怕影响他们的生意。

② 我们小点儿声说话，别影响他休息。

③ 孔子的思想对中国人有很大的影响。

④ 我喜欢拉二胡，是受爸爸的影响。

⑤ 在老师的影响下，他也开始研究中国历史。

**4** 一下子　一下子站起来　一下子病倒了　一下子都记住

① ……感到一下子受到了很大的打击。

② 看见小张进来，不知为什么，老李一下子站起来就走了。

③ 累了这么多天，好不容易可以休息休息，可是她却一下子病倒了。

④ 这么多生词，谁也不可能一下子都记住，得慢慢来。

**注意**　"一下子"和"一下儿"一样，也可以是数量短语，用在动词后面。例如：

Just like "一下儿"，"一下子" can also be used as a quantifier before a verb, eg:

　　他怎么出去半天还不回来？你去看一下子。（✓）

　　他怎么出去半天还不回来？你去看一下儿。（✓）

**5** 使　使我很受启发　使我想起了那段经历　使顾客满意

① 老人对待生活的那种乐观态度使我受到了很大的启发。

② 他的话使我想起了那段痛苦的经历。

③ 我们一定要做好服务工作，使顾客们满意。

④ 这部电影使我们深受感动。

**6** 临　临走时　临出门　临回国前　临睡前

① 临走时，老人对我说："孩子，不要轻易地放弃。"

② 临出门我才想起忘带照相机了。

③ 临回国前，我得去给国内的朋友买些礼物。

④ 临睡前，我突然想起还没吃药呢。

**7** | 轻易 | 轻易地放弃　轻易相信别人　轻易地作出决定

① 老人对我说："孩子，不要轻易地放弃。"

② 他从来不会轻易相信别人。

③ 你不能这么轻易地就作出了决定。

④ 你怎么能轻易地答应他的要求呢？

 语言点注释

> 1. 副词"不由得"
> 2. 无论如何
> 3. 只有……才……
> 4. "A 不比 B……"句式

**1 副词"不由得"**

副词。有两个意思：

It is an adverb with two meanings.

(1) 表示在某种情况下，不知不觉地产生某种反应。例如：

It indicates a certain unconscious reaction under certain circumstances, eg:

① 我不知所措地呆坐在街边的长椅上，<u>不由得</u>想起了我的家人，……

② 这张照片让我不由得想起我们一起工作和生活过的日子。

③ 她越说越高兴，不由得声音大了起来。

④ 我被石头绊（bàn cause to trip）了一下儿，不由得叫了一声。

（2）不容；不可能。后面的结构仍是否定形式。例如：

It means "cannot help but" or "impossible" and can be followed by a negative structure, eg:

① 她说得那么诚恳，不由得你不相信。

② 他这么不讲道理，让你不由得不生气。

③ 看了这个电影，不由得你不感动。

## 2 无论如何

是 "不论怎么样" 的意思。表示在任何条件下都必须这样。在句中作状语，有时也可以放在主语前。例如：

It means "no matter how", indicating that the action should be done in whatever conditions. It can be used as an adverbial in a sentence, and sometimes it can be used before the subject, eg:

我很着急，无论如何你都得马上把资料给我送过来。

① <u>你无论如何都要坚持下去。</u>

② 明天早上大家无论如何都要八点以前来，因为我们八点就考试了。

③ 今天你无论如何得过来一趟，我有事要跟你商量。

④ 这个问题无论如何要赶快解决。

**3** 只有……才……

连词"只有"一般跟副词"才"配合，组成"只有……才……"的复句，表示唯一的条件，非此不可。例如：

The conjunction "只有" is often used with the adverb "才" to form the structure "只有……才……", which means the only and necessary condition, eg:

你是怎么成了老板的红人的？

老板是挺喜欢我的。可是我认为只有努力工作，才能取得成绩。

① （她说她一直以为，）只有钢琴这样的大型乐器，才能表达出人们的丰富情感……

② 只有姐姐才最了解我。

③ 只有这一条路，才是上山的路。

④ 只有工资水平提高了，我们的生活才能更好。

⑤ 只有用这个办法，才能解决问题。

**4** "A 不比 B……"句式　The form of the sentence "A 不比 B……"

这种句式从形式上看，很像是"比"字句的否定形式，但实际上"比"字句的否定形式是"A 没有 B……"。"A 不比 B……"句的基本义是"A 跟 B 差不多"，也就是说二者相差不明显。例如：

Considering the sentence type, it looks like the negative form of "比……", whose negative form, however, is "A 没有 B……". The literal meaning of "A 不比 B……" is "A is about the same as B", i.e., there are no obvious differences between A and B, eg:

① 没想到只有两根琴弦的二胡也能演奏出这么美妙的音乐来，效果一点儿也不比钢琴差。

② 哥哥一米八，弟弟也一米八。哥哥不比弟弟高。

③ 虽然她学汉语的时间比我长，但是说得并不比我好。

④ 这个房子不比那个房子大多少，但房租却贵很多。

⑤ 有时候，坐飞机并不比坐火车贵。

第一部分 词语练习

一、选择词语填空：

1. 之　嫌　影响　一下子　不由得　使

(1) 听到好朋友的这句话，她的眼泪＿＿＿＿＿＿就流了出来。

(2) 妈妈＿＿＿＿＿＿她老玩儿电脑耽误学习，就把电脑放在办公室了。

(3) 说话声音小点儿，别＿＿＿＿＿＿别人睡觉。

(4) 你要对自己有信心，求学＿＿＿＿＿＿路还长着呢。

(5) 这些特别的经历＿＿＿＿＿＿我永远难忘。

(6) 看到那边有人在表演节目，我＿＿＿＿＿＿走了过去。

(7) 那个年轻人＿＿＿＿＿＿这个工作收入太低，辞职走了。

(8) 只要你努力，成功＿＿＿＿＿＿门就会为你打开。

(9) 刮了一天大风，天气＿＿＿＿＿＿冷了下来。

(10) 她的热情＿＿＿＿＿＿人有一种回家的感觉。

(11) 听到那种很轻快的音乐，她＿＿＿＿＿＿跟着音乐跳起了舞。

(12) 这段时间他的身体不好，因此考试成绩受到了很大＿＿＿＿＿＿。


2. 临  轻易  无论如何  只有/才  不比

(1) 这个年轻人干得＿＿＿＿＿＿别人差。

(2) 你骗了我好几次，这次我＿＿＿＿＿＿也不相信你了。

(3) ＿＿＿＿＿＿妈妈才能打开这个门。

(4) 做练习的时候，最好自己做，别＿＿＿＿＿＿问别人。

(5) 这个城市的人口一点儿也＿＿＿＿＿＿那个城市少。

(6) 他家的生活都靠他，他的工资不够用，只有干第二职业＿＿＿＿＿＿能让家人过上满意的生活。

(7) 那个乞丐决定＿＿＿＿＿＿也不能再向别人乞讨了，于是开始在一个建筑队打工。

(8) 你＿＿＿＿＿＿睡前别忘了吃药。

(9) 这是＿＿＿＿＿＿来中国时朋友送我的礼物。

(10) 你怎么能这么＿＿＿＿＿＿地就把我忘了？


二、选择恰当的词语填空：

(1) 发生了交通事故，不能按时到学校了，马丁＿＿＿＿＿＿给老师打了一个电话。

（一下子  立即）

(2) 见到三年没回家的儿子，他＿＿＿＿＿＿不知道说什么好。 （一下子  立即）

(3) 那个老头儿＿＿＿＿＿＿墙站着。 （临  靠）

(4) ＿＿＿＿＿＿考试前他把所学的内容复习了两遍。 （临  靠）

(5) 这件事的原因别人都不知道，＿＿＿＿＿＿找到他才能问清楚。 （只有  只要）

(6) 这只小狗要求不高，每天＿＿＿＿＿＿给它一点儿吃的，它就能活得很好。

（只有  只要）

(7) 林为觉得自己干什么都＿＿＿＿＿＿别人。 （不比  不如）

(8) 姐姐身高一米六五，妹妹也是一米六五，姐姐＿＿＿＿＿＿妹妹高。 （不比  不如）

**三、用所给词语完成句子或对话：**

(1) 她说话、做事的样子让我_____。（不由得）

(2) _____，父母又说了很多注意身体的话。（临）

(3) _____，才能学好汉语。（只有……）

(4) 这个电影_____，我想再看一遍。（使）

(5) 别看今年经济发展很快，但是我们的收入_____。（不比）

(6) 我姐姐很喜欢学汉语，_____，我也学起了汉语。（影响）

(7) 王老师常常夸学生，他_____。（轻易）

(8) 妈妈_____，没舍得买。（嫌）

(9) A：他叫什么名字？

　　B：_____。（一下子）

(10) A：你为什么送我礼物？

　　 B：你帮了我大忙，我_____。（无论如何）

## 第❷部分　综合练习 ·······························································

**四、根据课文内容，完成相应的练习：**

1. 用指定词语回答问题：

(1) 刚到国外的时候，"我"找工作顺利吗？为什么？（嫌　影响）

(2) "我"为什么哭了？为什么又有了勇气和信心？（不由得　无论如何）

(3) "我"有什么爱好？技术怎么样？（相当　不比）

(4) "我"忘不了哪些事？为什么？（使）

2. 用所给词语完成语段：

　　我的留学生活中有两件事使我忘不了。刚到国外的时候，我想找一份工作，但是_____（无论如何），原因是我的英语不好，_____（只有），才能在中国餐馆打

工。正在我伤心的时候，一位老人帮助了我。他说的一句话使我＿＿＿＿＿＿＿＿（不由得），
他让我＿＿＿＿＿＿＿＿（轻易）。我很喜欢拉二胡，我房东的朋友听了我的演奏后，推荐我
到一个咖啡馆演奏。二胡＿＿＿＿＿＿＿＿（影响）。

3. 复述"我"记忆中的两件事。

## 五、阅读下面的短文，完成相应的练习：

> 一个冬天的早晨，在地铁站里，有位老人靠墙坐着，我看了他一眼，心想又是个好吃懒做的乞丐，就没理他，急忙坐车走了。
>
> 那天下午在回家的路上，我在同样的地方又见到了那位老人。他躺在那儿，旁边有两名救护员在给他检查着什么。我感到很羞愧，让一位有病的老人在那儿等了整整一天。他大概曾经向路人求助，但直到这时才有人注意到他，帮他叫了救护车。
>
> 到了第二年夏天，我在见到老人的附近，又见到了一位老人，他半躺在路上。那天正是上班时间，每个人都急急忙忙地往车站走。上车前我突然想起了冬天的那位老人的样子，于是向他走去。我问了老人的情况，并赶快打电话给他叫了救护车。这时我才注意到，老人穿着整齐的西服，身旁放着一个电脑包，看样子是要去上班的。
>
> 救护车到了，救护员给老人吃了几片药后，老人很快就好些了。老人用很低的声音对我说："谢谢你，如果不是遇上你这样的好心人，我可能就……"听了老人的话，我的心情并没有好起来。用几分钟的时间帮助一个人，难道真的很麻烦吗？

1. 用所给词语回答问题：

(1) 那天早上"我"在地铁站看到了什么？"我"为什么没理他？（嫌）

(2) 下午"我"在地铁站看到了什么人？"我"有什么感觉？（不由得）

(3) 第二年夏天，"我"看到另一位老人时，想起了什么？做了什么？（一下子  临）

(4) 第二位老人后来怎么样？老人的话是什么意思？（只有……才……）

(5) "我"的心情好了没有？为什么？（不比）

2. 给下列语句排序，组成完整的语段：

（　　）老人吃了救护员给的药后

（　　）他很感谢我

（　　）那年夏天

（　　）我又看到了一个身体不舒服的老人

（　　）他说我是一个好心人

（　　）身体暂时好了一些

（　　）我并不觉得高兴

（　　）我帮他叫了救护车

（　　）听了老人的话

（　　）这次我没有错过机会

3. 简写这个故事：

不由得　影响　不比　使

有一天，我在地铁站看到了一位老人，他＿＿＿＿＿＿＿＿＿＿＿＿

＿＿＿＿＿＿＿＿＿＿＿＿＿＿＿＿＿＿＿＿＿＿＿＿＿＿＿＿＿＿

＿＿＿＿＿＿＿＿＿＿＿＿＿＿＿＿＿＿＿＿＿＿＿＿＿＿＿＿＿＿

＿＿＿＿＿＿＿＿＿＿＿＿＿＿＿＿＿＿＿＿＿＿＿＿＿＿＿＿＿＿

＿＿＿＿＿＿＿＿＿＿＿＿＿＿＿＿＿＿＿＿＿＿＿＿＿＿＿＿＿＿

## 第三部分　表达训练

六、听后说：录音06

生词：背景　　　bèijǐng　　　background
　　　乐趣　　　lèqù　　　　joy; pleasure

提示词语

改变　陌生人　结识　主动　组织　自信
在加拿大留学改变了我的性格。……

七、自由表达：

(1) 你认为课文中的 "我" 忘不了那两件事的原因是什么？

(2) 说一说你的留学生活中给你印象深刻的事。

八、看图说话：

① 丈夫一夜没回家，妻子……（轻易）

② 原来丈夫跟朋友……（不由得）

③ ……（一下子）

④ 丈夫并没有生气，……（无论如何）

你知道在中国红和白两种颜色各象征着什么吗？

 **课 文**　🔘录音08

　　每种语言中都有表示颜色的词语，它们往往不但有基本义，而且还有象征义。

　　汉语中表示颜色的词语很丰富，而且都有一定的象征意义。就拿常见的两种颜色"红"和"白"来说，它们表示的象征意义你了解吗？红色，在中国文化里象征着吉祥和喜庆，比如把婚姻介绍人叫做"红娘"，喜庆的日子要挂大红灯笼，贴红对联、红福字，结婚时要贴大红"喜"字，把热闹、兴旺叫做"红火"。另外，它还象征着顺利和成功，比如把遇到好运气或很受欢迎叫做"走红"，受上司宠爱和信任的人叫"红人"，赠送或奖励给别人的钱叫"红包"，等等。

　　在中国传统文化中，跟红色相反，白

**生词**　🔘录音07

1　与 yǔ（连）and; together with
2　词语 cíyǔ（名）
　　words and expressions
3　基本 jīběn（形）basic; essential
4　义 yì（名）meaning
5　一定 yídìng（形）certain
6　婚姻 hūnyīn（名）marriage
7　意义 yìyì（名）
　　meaning; significance
8　介绍人 jièshàorén（名）
　　match-maker; go-between
9　红娘 hóngniáng（名）match-maker
10　灯笼 dēnglong（名）lantern
11　对联 duìlián(r)（名）
　　antithetical couplet
12　福 fú（名）good fortune
13　兴旺 xīngwàng（形）
　　prosperous; flourishing
14　红火 hónghuo（形）flourishing
15　顺利 shùnlì（形）smooth
16　运气 yùnqi（名、形）fortune; lucky
17　走红 zǒuhóng（动）be in favour
18　上司 shàngsi（名）superior; boss
19　宠爱 chǒng'ài（动）pamper
20　红人 hóngrén(r)（名）a favourite
　　of sb. in power
21　赠送 zèngsòng（动）
　　give as a present
22　红包 hóngbāo(r)（名）red package
　　containing money as a gift
23　相反 xiāngfǎn（形）
　　opposite; contrary

色是没有血色、没有生命的表现，象征着死亡和不吉祥。比如，自古以来亲人死后要办"白事"，战争中的失败者打着"白旗"表示投降，智力非常低下的人被叫做"白痴"，把出力却得不到好处或没有效果叫做"白忙"、"白干"、"白学"，等等。

颜色的象征意义在不同国家的语言中是不同的，这是由于各国的文化历史背景、审美心理的不同造成的。有一次我跟几个在欧盟委员会工作的朋友闲聊，谈起上海亚太经合组织（APEC）会议上各国领导人穿的中国民族服装，他们都说非常好看，但有一点不太明白：为什么亚洲国家的领导人大多穿红色？我对他们说，这大概是因为很多亚洲国家有着相似的文化背景，所以这些领导人都不约而同地选择了红色。

想一想　说一说　在你们国家，红、白两种颜色各象征着什么？请你介绍一下。

24 血色 xuèsè（名）
　　redness of the skin
25 生命 shēngmìng（名）life
26 死亡 sǐwáng（动）
　　die; breathe one's last
27 自 zì（介）since
28 以来 yǐlái（名）since
29 亲人 qīnrén（名）relative; kinsfolk
30 白事 báishì（名）funeral affairs
31 战争 zhànzhēng（名）war
32 旗 qí（名）flag; banner
33 投降 tóuxiáng（动）surrender
34 智力 zhìlì（名）intelligence
35 低下 dīxià（形）low
36 白痴 báichī（名）idiot; idiocy
37 出力 chū lì make efforts
38 由于 yóuyú（介、连）
　　owing to; due to
39 背景 bèijǐng（名）background
40 审美 shěnměi（动）
　　appreciate and understand the beautiful
41 心理 xīnlǐ（名）
　　psychology; mentality
42 闲聊 xiánliáo（动）chat
43 会议 huìyì（名）
　　meeting; conference
44 领导 lǐngdǎo（名）leader
45 民族 mínzú（名）
　　ethnic group; nationality
46 点 diǎn（名）point
47 大多 dàduō（副）mostly
48 相似 xiāngsì（形）similar
49 不约而同 bù yuē ér tóng
　　act in concert without previous arrangement
50 选择 xuǎnzé（动）select; choose

专　名

1 欧盟委员会 Ōuméng Wěiyuánhuì
　　European Commission
2 亚洲 Yàzhōu　Asia

## 词语扩展

**1** | 相反 | 跟……相反　正相反　相反的意见

① 在中国传统文化中，跟红色相反，白色是没有血色、没有生命的表现。

② 他说的跟事实正相反。

③ 大部分人都同意我的建议，但也有人提出了相反的意见。

④ 吃了药以后，奶奶的病不但没好，相反更重了。

**2** | 自 | 自古以来　自此以后　来自　选自

① 自古以来亲人死后要办"白事"。

② 我们是2001年大学毕业的。自此以后，我们就再也没见过面。

③ 我们班有来自亚洲、非洲、欧洲、美洲等十二个国家的留学生。

④ 这篇课文选自今年第三期的《读者》。

**3** | 以来 | 自古以来　毕业以来　多年以来

① 自古以来亲人死后要办"白事"。

② 自从到这儿生活以来，我亲眼看到这座城市不断地变化。

③ 毕业以来，我经历了很多事情。

④ 能到中国学习汉语，是他多年以来的一个愿望。

**比较**　"以来"和"以后"

　　"以来"只表示从过去到现在的一段时间，而"以后"可以表示从过去到现在、从现在到将来或将来以后的某段时间。例如：

"以来" can only be used to indicate a period of time from the past to the present, while "以后" can be used to express some period of time from the past to the present, the present to the future, or even after the future, eg:

　　　　等我走了以后你再给他打电话。（✓）

　　　　等我走了以来你再给他打电话。（×）

**4** | 大多 | 大多穿红色　大多已经回国了

① 为什么亚洲国家的领导大多穿红色？

② 放假了，所以班上的同学大多已经回国了。

③ 你说的这些情况大多我没听说过。

④ 我的同事大多是年轻人，像我这样年纪的人只有四五个。

**5** | 相似 | 相似的地方　相似的经历　很相似

① 我对他们说，这大概是因为很多亚洲国家有着相似的文化背景……

② 听你这么一说，我觉得我们俩有着相似的经历。

③ 请你讲一讲，你的母语中表示颜色的词语的象征义跟汉语有哪些相似的地方。

④ 你们俩的口音很相似，都是上海人吧？

**6** | 选择 | 选择时间　选择了红色　作出选择

① ……所以这些领导人都不约而同地选择了红色。

② 我想去九寨沟旅游，你觉得我选择什么时间去比较好呢？

③ 到底要不要跟男朋友一起出国留学，我很难作出选择。

④ 你好好儿考虑考虑吧，别轻易作出选择。

 语言点注释

1. 一定
2. 拿……来说
3. "是……的" 句 (2)
4. 由于

**1** 一定

"一定" 可以是形容词，也可以是副词。在本课中，"一定" 是形容词。

"一定" can be used as an adjective or an adverb. In this lesson, it is an adjective.

（1）形容词 Adjective

●确定的；固定的。例如：

　Definite; fixed, eg:

① 汉语中表示颜色的词语很丰富，而且都有<u>一定</u>的象征意义。

② 在图书馆里看报纸、杂志，看完以后要放在一定的地方，别乱放。

③ 学习一种语言，不努力就学不好，这是一定的。

④ 课文的难易和长短之间没有一定的关系。

●某种程度的；相当的。例如：

　To a certain degree; considerable, eg:

① 没有一定的英语水平，是翻译不好这本小说的。

② 我学了半年多的汉语，有了一定的进步，但是跟安娜比，还差得远呢。

③ 我们的工作取得了一定的成绩，但是还需要继续努力。

（2）副词 Adverb

表示意志坚决或必然如此。例如：

It indicates strong-mindedly or inevitably, eg:

嫁给我吧，我一定
会爱你一辈子！

① 你们什么时候结婚，一定要告诉我呀！

② 外面很冷，他的病刚好，叫他一定别出去。

③ 虽然你很忙，但每天一定要抽出点儿时间锻炼身体。

④ 你放心，我一定不会喝醉的。

**2** 拿……来说

"拿……来说"表示从某个方面提出话题。例如：

"拿……来说" means to raise a topic from a certain aspect, eg:

我喜欢运动，拿打网球来说，我曾经得过全国冠军 (guànjūn champion)。

① 就拿常见的两种颜色"红"和"白"来说，它们表示的象征意义你了解吗？

② 我们班的同学进步都很大，拿阿里来说吧，刚来的时候连"你好"都不会说，现在都可以用汉语跟中国人聊天儿了。

③ 近几年这里发生了很大的变化，拿交通情况来说，现在不像以前那么堵车了。

④ 对这种生活方式，拿我自己来说，我还不太适应。

**3** "是……的"句（2）

本课出现的"是……的"句与以前学习过的强调已发生动作的时间、地点、方式等的"是……的"（1）不同，多用来表示说话人对主语的评议、叙述或描写，往往带有一种说明情况，想让听话人接受或信服的肯定语气。在这样的句子中，去掉"是……的"，句子一般也是成立的。例如：

"是……的"（2）in this lesson is different from the "是……的"（1）that we have learned before. "是……的"（1）emphasizes the time, place or way in which an action took place, while "是……的"（2）is normally used to express the speaker's comment, narration or description of the subject. It is often used in an affirmative tone to explain the situation so as to persuade or convince the listener. In such a sentence, it is also grammatically correct with "是……的" being left out.

① 颜色的象征意义在不同国家的语言中是不同的，……

② 跟其他动物比，猴子是相当聪明的。

③ 学习一种外语，困难肯定是有的，但不要怕。只要努力，就一定能学好。

④ 一口吃出个胖子是不可能的。

**4** 由于

(1) 介词，表示原因。例如：

Preposition. It indicates the reason, eg:

由于弟弟的帮助，今天的晚饭做得特别香！

① 颜色的象征意义在不同国家的语言中是不同的，这是由于各国的文化历史背景、审美心理的不同造成的。

② 由于他自己的努力，工作了一年以后他就被提升（tíshēng　promote）为销售经理。

③ 这次交通事故（shìgù　accident）是由于大雨造成的。

(2) 连词，在表示因果关系的复句里表示原因。例如：

Conjunction. It indicates reasons in the cause-result clauses, eg:

① 由于要在公司里加班（jiā bān　work extra shifts），今天晚上我得很晚才能回家。

② 由于我们很早就作了准备，所以工作进行得很顺利。

③ 由于跟他是第一次见面，所以不知道说什么好。

**比较**　"由于"和"因为"

(1) 口语里一般用"因为"，较少用"由于"。

In spoken Chinese, "因为" is more often used than "由于".

(2) 连词"由于"可以跟"因此"配合使用，但"因为"不能。

The conjunction "由于" can be used together with "因此", but "因为" cannot.

(3) 连词"因为"可以用在后面的小句中，但连词"由于"不能。例如：

The conjunction "因为" can be used in a subsequent clause, but "由于"cannot, eg:

我们别去了，因为外边的雨下得太大了。（✓）

我们别去了，由于外边的雨下得太大了。（×）

练 习

第 一 部分　词语练习

一、选择词语填空：

一定　拿……来说　相反　自　以来　是……的　由于　大多　相似　选择

(1) 几千年_____，中国老人养老都是靠子女。

(2) 周末我_____都在家，欢迎你来我家玩儿。

(3) _____小张善于对营业数据进行统计、分析，而且跟客户关系很好，经常有回头客，因此他的收入比一般出租车司机都高。

(4) 他认为冬天是减肥的最好时间，我却认为夏天是减肥的最好季节，我的想法跟他的正好_____。

(5) 他_____小就跟父亲学唱京剧。

(6) 大家都很努力，学习都取得了_____的进步。

(7) 现在网络购物_____很受年轻人欢迎_____。

(8) 林明_____了一条更艰难 (jiānnán) 的生活之路。

(9) 从他得病_____，不断有人来医院看望他、安慰他。

(10) 不少人喜欢红色，但并不是每个人都喜欢，_____她_____，就不爱穿红色的衣服。

(11) 他每天起床、吃饭、睡觉都有_____的时间，不会轻易改变。

(12) 刚来北京时，_____不习惯北京的天气，玛丽经常感冒，半年以后才习惯。爱玛也这样，情况跟玛丽的_____。

(13) _____开车的人喝了酒，还开快车，最后造成了交通事故。

(14) 去上海旅行怎么去都行，可_____的方式很多。

(15) 在这个城市，留学生_____能找到打工的机会。

(16) 小伙子，音乐厅在南边，你别往_____的方向走。

(17) 在别人遇到困难时，给别人提供帮助_____应该_____。

(18) 有的留学生觉得汉字不难，还很有意思，_____马丁_____，他不但喜欢写汉字，而且写得很好。

(19) 这两个人的个子、外貌都_____，我总是看错人。

(20) 这个学校的学生来_____一百多个国家。

## 二、用所给词语完成句子或对话：

(1) 我们_____，但是这不影响我们成为好朋友。（来自）

(2) 这个词你会用了，那个词就不难了，_____。（跟……相似）

(3) 姐姐喜欢安静，妹妹_____，喜欢热闹。（跟……相反）

(4) _____，他没有给家里写过一封信。（以来）

(5) 我的生活很随便，吃饭、睡觉_____。（一定）

(6) 在我们这里，出租车司机的素质大多是很高的，_____，_____。

（拿……来说）

(7) _____，今天飞机不能起飞，我们只好明天再走。（由于）

(8) 现在我发现这份工作_____。（是……的）

(9) A：姐姐，太难了，我坚持不下去了，咱们放弃吧。

B：都快成功了，你怎么说放弃？放弃_____。（是……的）

(10) A：这些人中有多少人喜欢红色，你调查了吗？

B：调查了，_____。（大多）

(11) A：你父母想让你跟哪个姑娘谈恋爱？

B：他们说_____。（选择）

## 第二部分  综合练习

## 三、根据课文内容，完成相应的练习：

1. 给下列词语排序，组成正确的句子：

(1) 把  红娘  叫做  介绍人  汉语中  婚姻

(2) 红人　叫做　上司　宠爱　的　被　受　人

(3) 因为　这是　这些　有　背景　国家　相似的　文化

(4) 是……的　象征义　颜色的　很丰富　表示　词语的

(5) 一定的　表示　都有　每种　颜色的　基本义　词语　和　象征义　语言中

2. 用指定词语回答问题：

(1) 汉语中表示颜色的词语有基本义，还有什么意义？（一定）

(2) "红"和"白"有什么象征意义？（象征　跟……相反）

(3) 每种语言中表示颜色的词语的象征义一样吗？为什么？（由于）

(4) 为什么在上海亚太经合组织会议上亚洲国家的领导人大多选择红色的中国民族服装？（是……的）

3. 用所给词语完成语段：

每种语言中都有＿＿＿＿＿＿（表示），这些词语都有基本义和＿＿＿＿＿＿（一定）。＿＿＿＿＿＿不同（由于），各种语言中颜色词语的象征义＿＿＿＿＿＿（是……的）。＿＿＿＿＿＿（拿……来说），"红"在中国传统文化中象征着吉祥和喜庆，有"红娘""红火""红人""走红""红包"等词语；＿＿＿＿＿＿（跟……相反），白色象征死亡和不吉祥，有"白事""白旗""白痴""白干"等词语。了解词语的象征义对我们理解中国文化＿＿＿＿＿＿（是……的）。

四、阅读下面的短文，完成相应的练习：

　　一个富有的商人脾气很不好，常常感到生活没意思。他听说附近住着一位大学者，生活简单、幸福，商人就去访问了那位学者，希望从他那里找到快乐的秘诀（mìjué）。

商人一进大学者家的门就不停地说妻子、孩子、员工的不好，说自己有多少钱、自己多么辛苦。学者早就看出了他不快乐的原因，正找不到合适的方式向他说明这个简单的道理。突然，窗外传来儿童的欢笑声，学者立即想出了一个好办法。

听完商人的话，学者拉着他来到客厅窗前，问："你从窗户往外看到了什么？"

"我看见了男人、女人和几个小孩儿。那些孩子在玩儿。"商人说。

"很好。"学者又拉着他走到客厅另一边，这边墙上挂着一面镜子。学者问道："告诉我，你在镜子里看到了什么？"

"当然是我自己了！"商人回答。

"有意思，窗户是玻璃做的，镜子也是玻璃做的，唯一的不同是镜子的玻璃上加了薄薄一层银。可是就因为多了这一点儿银，人们却再也看不到别人，只能看到自己了。"

（改编自《今晚报》）

1. 用所给词语回答问题：

(1) 学者生活得快乐吗？商人呢？ （跟……相反）


(2) 商人为什么去访问学者？ （一定的原因）


(3) 学者用什么办法说明商人不快乐的原因的？ （相似）


(4) 商人不快乐的原因是什么？ （由于）



2. 把这个故事改写成对话：

　　　　由于　跟……相反　一定　是……的

商人：跟您聊了才五分钟，我就感觉到您对自己的生活很满意。

学者：是啊，能过上这样的生活我挺高兴的。

商人：可是我怎么觉得每天都很累、很辛苦呢？

……

**五、选择下列语句完成语段：**

① 在中餐馆举行宴会（yànhuì）

② 菜似乎才上了一半

③ 饭店菜上得很慢

④ 我跟旁边座位的一位女士聊了起来

⑤ 为什么都长得那么瘦

⑥ 时间过去了近两个小时

⑦ 她连连说中国的宴会实在太丰富了

⑧ 她还问我

⑨ 中国人吃饭每次都上那么多菜

一次，_____，_____，_____，但_____。
等菜的时候，_____。_____，_____：_____，
可是_____？我不知道怎么回答好了。

## 第 ③ 部分　表达训练

**六、听后填表并复述：**  录音09

| 生词： | 心理学家 | xīnlǐxuéjiā | psychologist |
|---|---|---|---|
| | 和平 | hépíng | peace |
| | 安定 | āndìng | stable |
| | 温和 | wēnhé | mild |
| | 沮丧 | jǔsàng | depressed |
| | 悲哀 | bēi'āi | sorrowful |
| | 纯洁 | chúnjié | pure |

| 颜　色 | 红色 | | 蓝色 | | | 白色 |
|---|---|---|---|---|---|---|
| 象征义 | | 快乐 | | 和平 | | |

不同的颜色会给人带来不同的心情，……

**七、自由表达:**

(1) 说一说在你的母语中表示颜色的词语的象征义。

(2) 上网查找各国手势（shǒushì）语言，并说明有哪些不同。

**八、看图说话:**

# 28 当听到别人的赞扬时

当别人赞扬你时，你会说什么？

 **课文** 🔊 录音11

当听到别人赞扬时，西方人和中国人的反应和回答不同：西方人一般会接受赞扬，但中国人一般会说自己做得没那么好。

关于这种差别，可以举下面两个例子来证明。

一次，一个西方人对一位中国妇女说："你穿的这件衣服真漂亮！颜色和样式都特别好看！"这位中国妇女心里很高兴，但却按中国的习惯回答说："我只是穿了件普通的衣服，说不上好看。"

一位中国学者刚到欧洲，被邀请去一位大学教授家参加家庭招待会。女主人向大家介绍说："这位是刚从中国来的陈先生，他是杰出的物理学家。他的研究成果很多，他发表的论文和出版的著作在物理学界都很有

**生词** 🔊 录音10

1 赞扬 zànyáng（动）
　　speak highly of; praise
2 西方 Xīfāng（名）the West
3 反应 fǎnyìng（名）reaction
4 关于 guānyú（介）concerning
5 差别 chābié（名）difference
6 举 jǔ（动）cite; enumerate
7 例子 lìzi（名）example
8 证明 zhèngmíng（动）
　　prove; testify
9 妇女 fùnǚ（名）woman
10 样式 yàngshì（名）pattern; style
11 按 àn（介）according to
12 只是 zhǐshì（副）merely; simply
13 说不上 shuōbushàng（动）
　　to have no... to speak of
14 学者 xuézhě（名）scholar
15 招待会 zhāodàihuì（名）
　　reception
16 杰出 jiéchū（形）outstanding
17 物理 wùlǐ（名）physics
18 学 xué（尾）subject of study
19 成果 chéngguǒ（名）
　　result; achievement
20 发表 fābiǎo（动）publish
21 论文 lùnwén（名）thesis
22 出版 chūbǎn（动）publish
23 著作 zhùzuò（名）writings; work
24 界 jiè（尾）circles

影响。陈先生非常了不起！"听了女主人的话，陈先生却笑着对女主人说："哪里哪里，您别开玩笑了。"

在这两个例子中，两个中国人的回答都可能被人误解。西方人也许会以为那位中国妇女的回答是说对方不识货，对一件普通衣服也要大惊小怪，可见鉴别能力差；也可能会认为那位陈先生的意思是说女主人说的不是真心话，是在捉弄别人。从表面看，两句话似乎都有责备赞扬者的意味，但实际上是中国人谦虚的一种表现。可见，由于文化背景和思维方式的不同，在跨文化交际时，说话人的意图和传达出的信息之间会产生很大的差距。

在赞扬什么人的问题上，中西方有时也不太一样。人们常听到西方妇女谈她们的丈夫工作如何努力、干得怎样出色等等，她们也会夸自己的子女多么聪明、学习成绩怎样优秀等等。在中国，人们就会认为这样说未免太想表现自己。中国人一般很少在外人面前夸自己家里的人。

25 开 kāi（动）play (a joke)

26 玩笑 wánxiào（名）joke

27 误解 wùjiě（动）misunderstand

28 识货 shí huò（动）
know what's what

29 大惊小怪 dà jīng xiǎo guài
make a fuss

30 可见 kějiàn（连）
it is obvious that

31 鉴别 jiànbié（动）
differentiate; discern

32 真心 zhēnxīn（名）
true intention; sincerity

33 捉弄 zhuōnòng（动）make fun of

34 表面 biǎomiàn（名）surface

35 似乎 sìhū（副）it seems; as if

36 责备 zébèi（动）
reproach; blame

37 意味 yìwèi（名）implication

38 思维 sīwéi（名）
thought; thinking

39 跨 kuà（动）across

40 交际 jiāojì（动）communicate

41 意图 yìtú（名）intention

42 传达 chuándá（动）
transmit; convey

43 差距 chājù（名）gap; disparity

44 出色 chūsè（形）remarkable

45 优秀 yōuxiù（形）
outstanding; excellent

46 未免 wèimiǎn（副）
rather; a bit too

中国人还忌讳夸别人的妻子长得漂亮。

许多中国人认为，在一个男人面前说"你的妻子真漂亮"这样的话很不得体，可是对西方人来说，却很自然，被夸奖的人很开心，很自豪。

47 忌讳 jìhuì（动、名）
　　 avoid as a taboo; taboo
48 得体 détǐ（形）in the proper
　　 way; appropriate
49 自然 zìrán（形）natural
50 夸奖 kuājiǎng（动）
　　 praise; commend
51 自豪 zìháo（形）proud

想一想　说一说　请举例说明中西方在交际时文化上的差别。

## 词语扩展

**1** 关于 | 关于这种差别　关于中国文化的资料

①关于这种差别，可以举下面两个例子来证明。
②关于筷子是怎么产生的，有很多传说。
③我想去图书馆查一些关于中国文化的资料。
④关于这里要发生地震（dìzhèn　earthquake）的消息，你是从哪儿听说的？

**2** 按 | 按中国的习惯　按考试成绩　按……算

①这位中国妇女心里很高兴，但却按中国的习惯回答说：……
②请按顺序回答问题。

③ 按考试成绩，安娜被分到了高级班。

④ 按一辆车坐五十人算，共需要八辆车。

---

**3** | 只是 | 只是一件普通的衣服　只是听说

① 我只是穿了件普通的衣服，说不上好看。

② 我只是听说，并没有亲眼看见。

③ 他只是想跟你打个招呼，没有别的意思。

④ 刚才我去超市，只是买了点儿明天早上吃的东西。

---

**4** | 学 | 物理学　数学　化学　医学　语言学

① ……他是杰出的物理学家。

② 李教授专门研究西方语言学。

③ 上中学的时候，我化学一直学得不太好。

④ 今天下午有一个经济学方面（tāngmiàn　aspect）的报告，你想去听吗？

---

**5** | 可见 | ……，可见鉴别能力差　……，可见身体不如以前了

① ……对一件普通衣服也要大惊小怪，可见鉴别能力差。

② 他现在还不能用汉语跟中国人聊天儿，可见，他的汉语水平还很低。

③ 我最近常常生病，可见身体不如以前了。

④ 这么好吃的菜他一口也没吃，可见他一点儿也不饿。

---

**6** | 优秀 | 成绩优秀　优秀队员　优秀教师

① 她们也会夸自己的子女多么聪明、学习成绩怎样优秀等等。

② 虽然她刚来公司不久，但因为她表现得很优秀，总经理就把这个重要的工作
交给了她。

③ 他是一名优秀的足球队员，有很多球迷喜欢他。

④ 王老师是我们学校的优秀教师。

语言点注释

> 1. 说不上
> 2. 从……看
> 3. 副词"未免"
> 4. 对……来说，……

**1** 说不上

"说不上"有两个意思：

"说不上" has two meanings:

（1）表示因不够条件或不可靠而没有必要提或不值得提。例如：

It indicates that something or somebody is unnecessary or unworthy to mention, since it is unqualified or unreliable, eg:

① 我只是穿了件普通的衣服，说不上好看。

② 今天我们随便吃点儿、喝点儿，说不上请客。

③ 我只是认识他，说不上了解。

④ 他是一个认真、努力的人，但说不上有多优秀。

⑤ 有时间的话，我也会跟朋友去打打高尔夫，但说不上有多喜欢。

（2）表示因了解不够、认识不清而没有办法说出来。例如：

It means that there is no way to tell because somebody is unfamiliar with or has little knowledge about something, eg:

① 虽然我们认识，但我也说不上他是怎样的一个人。

② 你问我，可我也说不上是留在这儿好还是回国好。

**2** 从……看

"从……看"格式表示凭借或根据某一方面。例如：

"从……看" means "base on" or "tell from a certain aspect", eg:

从正面看，很漂亮。

从后面看，也不错。

① 从表面看，两句话似乎都有责备赞扬者的意味，但实际上是中国人谦虚的一种表现。

② 从最近的情况看，他的病好多了。

③ 从工作上看，他还是有一定能力的。

④ 从他刚才说的那些话来看，他好像还不知道这件事。

⑤ 从这次考试的成绩看，大家都有了一定的进步。

**3** **副词"未免"**

副词。表示一种委婉的否定态度。常跟"太、有点儿、有些"等词语配合使用。例如：

It is an adverb, indicating one's negative attitude in an euphemistic way. It often collocates with words like "太", "有点儿" and "有些", eg:

这个房间布置得未免有些简单。

① 在中国，人们就会认为这样做未免太想表现自己。

② 他刚才讲得乱七八糟的，未免也太不会表达了吧。

③ 你写的计划才一百多字，未免太简单了。

④ 这个房间一个人住还可以，两个人住未免小了一些。

⑤ 你现在就给他打电话，我觉得未免有点儿早。

**4** 对……来说，……

"对……来说" 表示从某人或某事的角度来看。例如：

"对……来说" means to judge from the perspective of someone or something, eg:

这个工作对玛丽来说很难，可是对安娜来说很容易。

① ……可是<u>对</u>西方人<u>来说</u>，却很自然，被夸奖的人很开心，很自豪。

② 对他来说，连死都不怕，还有什么可怕的？

③ 对中国人来说，当别人赞扬你的时候，一定要表现得很谦虚。

④ 对我们来说，现在主要的工作就是赶快把这项研究做完。

⑤ 对我来说，让我最开心的事情就是能跟家人在一起吃团圆饭。

练 习

第 **一** 部分　词语练习 ····································

一、朗读所给词语并用它们填空：

　　哲学　　文学　　数学　　医学　　化学

　　语言学　物理学　心理学　历史学　经济学

(1) 他会说好几种外语，将来想当一名＿＿＿＿＿家。

（2）谁不知道《哈姆雷特（Hamlet）》是莎士比亚（Shakespeare）的_____作品？

（3）牛顿（Newton）是研究_____的，是英国著名的科学家。

（4）他对历史产生了兴趣，打算专门研究_____。

（5）那位教授发表了很多_____的论文，对我们研究中国的经济很有启发。

## 二、选择词语填空：

1. 关于　按　只是　说不上　可见

（1）这两本书_____哪本更好，都有优点和不足（bùzú）。

（2）我_____个秘书，公司的事我知道得不多，更决定不了。

（3）_____张师傅的方法计算，他每做十元生意的成本是 17 分钟。

（4）今天时间不多了，_____这个问题，如果大家感兴趣，以后还可以再讨论。

（5）我跟他在一个班学习，但是_____了解。

（6）我是_____你告诉我的鞋号给你买的，怎么会大这么多？

（7）他送给我的那本书是_____中国历史文化的，内容很丰富。

（8）你很聪明，可是学了半年了，简单的句子还说不好，_____你没好好儿学习。

（9）刚才我_____跟她借了一支铅笔，我们并没有说话。

（10）有的大学毕业生常常失眠，有的大学生面试前紧张得吃不下饭，_____大学毕业生的就业压力很大。

2. 从……看　优秀　未免　对……来说

（1）孩子们每天要上很多课，写很多作业。现在的孩子_____太辛苦了。

（2）_____外表_____，他是一个很严肃、很冷漠的人，其实他的内心很热情、很实在。

（3）北京的冬天比较冷，还常刮北风，_____一个从印度尼西亚来的人_____，开始的时候不习惯是很自然的。

（4）这个学生在学校的表现一直很_____。

（5）_____一个出租车司机_____，每个月挣到 8000 元钱实在不容易。

（6）_____这件事发生的时间_____，这个人应该就在附近。

（7）这位物理学家发表了不少_____的论文，这些论文都很有价值。

（8）这次考试_____难了些，一半的人都没通过。

三、用所给词语完成句子或对话：

(1) 他无论当学生还是当老师，＿＿＿＿＿＿＿＿＿＿＿＿。（优秀）

(2) ＿＿＿＿＿＿＿＿＿＿，帮助别人并不麻烦，这样也可以让自己快乐。（对……来说）

(3) 我不去旅行，没有别的原因，＿＿＿＿＿＿＿＿＿＿。（只是）

(4) 他要当一名大夫，因为＿＿＿＿＿＿＿＿＿＿＿，。（~学）

(5) 别人帮助了你，你不但不感谢别人，反而发脾气，你这样做＿＿＿＿＿＿。（未免）

(6) 他平时只吃一碗饭，今天竟然吃了三碗，＿＿＿＿＿＿＿＿。（可见）

(7) ＿＿＿＿＿＿＿＿＿＿，这个盗贼一定很熟悉乐器店的情况。（从……看）

(8) 做作业的时候，请同学们＿＿＿＿＿＿＿＿＿。（按）

(9) A：考试考得这么好，你很高兴吧？

　　 B：＿＿＿＿＿＿＿＿＿＿＿。（说不上）

(10) A：这次你们做了哪些调查？

　　 B：网络越来越普及，我们做了一个＿＿＿＿＿＿＿＿＿＿。（关于）

# 第二部分　综合练习 . . . . . . . . . . . . . . . . . . . . . . .

四、根据课文内容，完成相应的练习：

1. 给下列词语排序，组成正确的句子：

(1) 中国人　在……中　可能　的　回答　都　被人　误解　这两个例子　这两位

(2) 也　问题　中西方　在……上　有时　一样　赞扬　的　什么人　不太

(3) 夸奖　长得　对……来说　妻子　很自然　西方人　别人的　漂亮

(4) 的　从……看　两句话　责备　赞扬者　都　意味　表面　有

2. 用指定词语回答问题：

(1) 对于别人的赞扬，西方人和中国人的回答有什么差别？（按）

(2) 课文里那位中国妇女说："我只是穿了件普通的衣服，说不上好看。"你怎么理解这句话？ （从……看）

(3) 西方人和中国人在交往中在哪些方面还存在差别？ （关于）

(4) 当听到"你的妻子真漂亮"这句话时，西方人和中国人的感觉有什么不同？

（对……来说 未免）

3. 按照课文内容完成对话：

马克：刘明，我发现不少中国人听到别人的赞扬时，会说"没有那么好"或者
"还差得远呢"。

刘明：你说得对，_____

马克：中国人不喜欢被人赞扬吗？

刘明：当然不是，_____

马克：还有一个问题，_____

刘明：对，我们不太习惯夸自己家里的人。

马克：如果我对你说"你妻子真漂亮"，你有什么感觉？

刘明：_____

马克：看来，_____

刘明：_____

五、阅读下面的短文，完成相应的练习：

　　有人研究发现，如果经常给牛说好听的话，牛的出奶量会提高，相反就会下降 (xiàjiàng)；每天给植物 (zhíwù) 放好听的轻音乐，它会长得更快，但如果经常放一些噪音 (zàoyīn) 给它听，它的生长速度会变慢。人更是这样，人都有受到夸奖和赞美的需求，周围人对他的赞扬很重要。"凭一句赞扬的话，我能多活两个月。"有人这样说。

　　研究还表明，太多的批评会使一个人失望，而赞扬和鼓励常常给人力量，尤其是对那些遇到困难的人。别人的夸奖和赞美就像黑夜里的一盏 (zhǎn) 灯，不仅可以给他希望的光亮，而且可能改变他一生的命运。

　　西方人经常说"你今天真漂亮。""我很喜欢你。""你真棒！"，这是一种很好的做法。中国人还不太习惯，我们好像只会赞扬别人的小孩，不会赞扬我们的同事、朋友、爱人……事实上，人人都有可赞扬之处，我们

却常常想不到这样做。

赞扬别人，就是赞扬自己。经常赞扬别人的人，也会得到别人的赞扬。对别人多赞扬，少批评，你一定会发现，你很快就会成为大家喜欢的人，在各方面你都更容易取得成功，会活得更快乐。

1. 用所给词语回答问题：

   (1) 听到好听的话和好听的音乐后，牛和植物会怎样？（对……来说）

   (2) 短文里谈到人有什么需求？（可见）

   (3) 赞扬对哪些人更重要？它有什么用？（对……来说）

   (4) 赞扬别人对自己有什么好处？（从……看）

2. 用所给词语完成语段：

   这是一篇＿＿＿＿＿＿＿＿（关于）。如果跟牛说它喜欢听的话，它的出奶量会比平时增加；给植物放好听的音乐，它们就会长得更快。＿＿＿＿＿＿＿＿（对……来说），更是这样，＿＿＿＿＿＿＿＿（赞扬）。因此要多赞扬别人，尤其是对那些失去信心的人。赞扬＿＿＿＿＿＿＿＿（只是），但是对他们来说，也许能给他们带去希望，改变他们的一生。＿＿＿＿＿＿＿＿（可见）。

   总之，要多赞扬，少批评。如果＿＿＿＿＿＿＿＿（按），你会取得更多的成功，会活得更快乐。

3. 给下列语句排序，组成完整的语段：

   （　　）它们会长得更快

   （　　）特别是赞扬那些缺少信心的人

   （　　）如果夸奖一头牛

   （　　）这样做在给别人希望的同时

   （　　）它会多出奶

   （　　）植物听了好听的音乐

   （　　）对人说赞扬的话

   （　　）也会给自己带来收获和快乐

   （　　）因此要多赞扬，少批评

   （　　）可能会改变他们的命运

第三部分 表达训练 · · · · · · · · · · · · · · · · · · · · · · · ·

六、听后说： 录音12

**提示词语**

经常 请……帮助 经验 夸奖 吃惊 赞扬

王老师班上有一个男学生，……

七、自由表达：

(1) 听到别人的赞扬时，你会怎样应答？当有人批评你时呢？

(2) 你常赞扬别人吗？你认为赞扬还有什么别的好处？

(3) 当你赞扬一个人时，他的应答跟课文中那个妇女的差不多，你会怎么理解？

八、看图说话：

**赞 扬**

①

②

③

④

# 第 七 单元知识小典

## 中国结

中国结是中国特有的民间手工艺术，它变化丰富，具有独特的东方风格，体现了中国文化和人民的智慧。中国结作为中国传统文化的象征之一，深受各国朋友的喜爱。

中国结不仅造型优美、色彩多样，同时，作品的命名，如"双寿""双喜""凤麟（lín）呈（chéng）祥""鲤（lǐ）跃（yuè）龙门""福寿双全""万事如意""吉庆有余""方胜平安"等，都具有中国传统文化中特有的吉祥美满的象征意义，将这些具有特别意义的结饰送给亲友，不但喜气洋溢（yángyì），也是一种千情万意的祝福。

中国结像中国的书画、雕刻（diāokè）、陶瓷（táocí）和菜肴（càiyáo）一样，有它自己的艺术特征。

中国结是结绳（jié shéng）的艺术。"绳"与"神"谐音，中国古代文化在形成阶段，中国人曾经崇拜（chóngbài）过绳子。又因为绳子像龙，古代中国人认为自己是龙的传人，因此龙神的形象，最早就是用绳结的变化来体现的。"结"字也是一个表示力量、和谐，充满情感的字眼儿，无论是"结合""结交""结缘""团结""结果"，还是"结发夫妻""永结同心"，"结"字给人的都是一种团圆、亲密、温馨的美好感觉。"结"与"吉"谐音，"吉"在中国传统文化中有着丰富多彩的内容，福、禄（lù）、寿、喜、财、安、康都体现了"吉"。人们希望辈辈都能永远"吉"，结绳这种具有生命力的民间技艺也就作为中国传统文化的一部分流传了下来。

# 第八单元　中国当代社会（二）

# 29 女儿要当"丁克"族

你认为结婚以后，一定要生孩子吗？

## 课文 ●录音14

　　我女儿结婚三年了，还没有怀孕。我和老伴儿想，小两口儿年轻不懂事，我们做父母的有责任提醒他们几句。于是我就对女儿说："你年纪不小了，该要孩子了。"不料女儿却说："我正准备告诉你们呢，经过反复考虑，我们不准备要孩子了。我们俩要好好儿享受'二人世界'。"女儿的话，把我们气得话都说不出来了。尽管这样，我们还是努力地克制自己，表面上尽量装得很平静，让女儿说说不要孩子的原因。女儿认为，生孩子会给他们夫妻俩带来经济上的负担和精神上的压力；照料孩子要花很多的时间，这样生活质量就会下降。我说："你们这是自私的决定，根本没有考虑我们两位老人的感受。生孩子是女人的本分，不生孩子还像一

### 生词 ●录音13

1 丁克 dīngkè（名）DINK（Double Income No Kids）

2 族 zú（尾）class or group of things or people with common features

3 怀孕 huáiyùn（动）be pregnant

4 老伴儿 lǎobànr（名）(of an old married couple) husband or wife

5 小两口儿 xiǎoliǎngkǒur（名）young couple

6 懂事 dǒngshì（形）sensible; intelligent

7 责任 zérèn（名）duty; responsibility

8 提醒 tíxǐng（动）remind; warn

9 经过 jīngguò（动）go through; after; through

10 反复 fǎnfù（副）repeatedly; over and over

11 享受 xiǎngshòu（动）enjoy

12 气 qì（动）get angry; make(sb.) angry

13 克制 kèzhì（动）restrain

14 装 zhuāng（动）pretend; disguise

15 负担 fùdān（名、动）burden; bear (a burden)

个女人吗？女人不要孩子是违反自然法则的，这会造成严重的社会问题。而且你们有没有想到不要孩子的后果？你们得有个孩子，以免你们老的时候没人照顾。"我们还提出，生养孩子的一切费用由我们老两口儿来负担，我们还可以帮他们带孩子。可是女儿特别固执，这一点像她爸爸。不管我们怎么劝，女儿都把我们的话当成耳边风。

那天女婿来我家送东西，我和老伴儿趁这个机会跟他谈了孩子在家庭中的重要作用，希望他们赶快要个孩子，这样更能增进他们夫妻俩的感情，使他们的婚姻更加稳固。女婿却一会儿说现在竞争激烈，工作太忙；一会儿又说明年要读研，现在正在准备。话说了很多，可就是不说生孩子的事。没有办法，我们想到了亲家，希望他们能跟我们联手做做孩子们的工作。可是亲家却非常洒脱地说："要不要孩子，主要是他们小夫妻的事，他们实在不愿意生就算了。别勉强他们了。"我对老伴儿说，他们有三个子女，当然说话轻松；我们只有一个女儿，女儿不生孩子，我们可

| | | |
|---|---|---|
| 16 | 精神 jīngshén（名） | spirit; mind |
| 17 | 照料 zhàoliào（动） | |
| | take care of; tend | |
| 18 | 质量 zhìliàng（名） | quality |
| 19 | 下降 xiàjiàng（动） | |
| | decline; go down | |
| 20 | 自私 zìsī（形） | selfish |
| 21 | 决定 juédìng（名） | |
| | decision; resolution | |
| 22 | 本分 běnfèn（名） | |
| | duty; obligation | |
| 23 | 违反 wéifǎn（动） | |
| | violate; go against | |
| 24 | 法则 fǎzé（名） | rule; law |
| 25 | 严重 yánzhòng（形） | |
| | serious; grave | |
| 26 | 后果 hòuguǒ（名） | |
| | consequence; aftermath | |
| 27 | 以免 yǐmiǎn（连） | |
| | in order to avoid | |
| 28 | 提 tí（动） | bring up; put forward |
| 29 | 养 yǎng（动） | raise; provide for |
| 30 | 费用 fèiyong（名） | |
| | cost; expense | |
| 31 | 带 dài（动） | look after; bring up |
| 32 | 固执 gùzhi（形） | |
| | obstinate; stubborn | |
| 33 | 耳边风 ěr biān fēng | |
| | unheeded advice | |
| 34 | 女婿 nǚxu（名） | son-in-law |
| 35 | 增进 zēngjìn（动） | |
| | promote; enhance | |
| 36 | 稳固 wěngù（形） | |
| | firm; steady; stable | |
| 37 | 竞争 jìngzhēng（动） | compete |
| 38 | 激烈 jīliè（形） | fierce; violent |
| 39 | 读研 dú yán | |
| | attend graduate study | |
| 40 | 亲家 qìngjia（名） | |
| | parent-in-law of one's child | |
| 41 | 联手 lián shǒu（动） | |
| | joint hands to do sth. | |
| 42 | 洒脱 sǎtuō（形） | free and easy |

就没有外孙子了。

现在，我们同他们小两口儿在生孩子这一问题上还僵持着，我们希望他们能回心转意，负起生儿育女的责任，不要做"丁克"一族。

（改编自《新民晚报》，作者龚矣）

43 勉强 miǎnqiǎng（动）
　　force sb. to do sth.
44 轻松 qīngsōng（形）
　　light-hearted; relaxed
45 外孙子 wàisūnzi（名）
　　daughter's son
46 同 tóng（介）with
47 僵持 jiāngchí（动）(of both parties) refuse to budge; be at a deadlock
48 回心转意 huí xīn zhuǎn yì
　　change one's mind
49 负 fù（动）shoulder; bear
50 育 yù（动）give birth to; raise

想一想　说一说　课文中"我"不同意女儿当"丁克"族，你认为应该怎么解决这个问题？

## 词语扩展

① 反复｜反复考虑　反复练习　反复商量

① 经过反复考虑，我们不准备要孩子了。

② 经过反复考虑，我还是决定放弃这次出国的机会。

③ 我认为汉字要通过反复练习才能记住。

④ 他们多次开会，反复商量这个计划。

② 装｜装睡　装好人　不懂装懂　装着没看见

① 尽管这样，我们还是努力地克制自己，表面上尽量装得很平静，……

② 看见妈妈进来了，孩子躺在床上装睡。

③ 他做错了，你就应该批评他，不能总装好人。

④ 学习时，不懂就要问，不要不懂装懂。

**3** | 违反 | 违反自然法则　违反交通规则　违反规定 |

① 女人不要孩子是违反自然法则的，这会造成严重的社会问题。

② 在中国，骑车带人是违反交通规则的。

③ 你没有请假就不来上班，这违反了我们公司的规定（guīdìng　rule）。

④ 这个学生又一次违反了校规（xiàoguī　school regulation），被校长找去谈话了。

**4** | 严重 | 严重的错误　病情严重　严重地伤害 |

① 女人不要孩子是违反自然法则的，这会造成严重的社会问题。

② 听说最近她的病情（bìngqíng　state of one's illness）越来越严重了。

③ 他说的、做的这一切，都严重地伤害了我们的感情。

④ 咱们别走这条路，因为这条路经常会出现严重的交通拥堵。

**5** | 提 | 提问题　提要求　提建议　提出　提起 |

① 我们还提出，生养孩子的一切费用由我们老两口儿来负担，……

② 他是我们班最爱提问题的学生。

③ 我想提个建议，寒假的时候我们一起去海南旅行，怎么样？

④ 我真不想再提起那件让人伤心的事。

**6** | 负……（的）责任 | 负主要责任　负起生儿育女的责任 |

① ……我们希望他们能回心转意，负起生儿育女的责任，不要做"丁克"一族。

② 作为儿女，在父母年老的时候，我们应该负起养老的责任。

③ 学校和家长（jiāzhǎng　parent）都要负起教育孩子的责任。

④ 这次交通事故，卡车（kǎchē　truck）司机应该负主要责任。

语言点注释

> 1. 动词 "经过"
>
> 2. 连词 "以免"
>
> 3. 一会儿……一会儿（又）……
>
> 4. 副词 "就是"

**1** 动词 "经过"　　The verb "经过"

本课中出现的 "经过" 是动词。作为动词，它主要有这样两个意思：

In this lesson, "经过" is a verb and it has two meanings.

（1）路过。例如：

Pass by, eg:

> 每次我开车经过这里时，都看见他在这儿卖东西。

① 从我的宿舍去教室，要经过图书馆。

② 上次我坐火车去上海旅行的时候经过济南（Jǐnán　name of a city），我就顺便下车去看望了一下儿在济南工作的老同学。

③ 他就住在我楼下，所以每次下楼我都要经过他的家门口。

比较　"经过" 和 "通过"

"经过" 更强调路过某个地方，而 "通过" 一般表示穿过某个地方。

"经过" emphasizes "to pass by" the place, while "通过" normally means "to go through" the place.

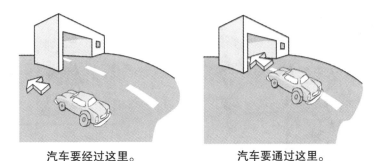

汽车要经过这里。　　　　　　汽车要通过这里。

（2）亲身经历活动、事件。例如：

To take part in an activity or experience an event on one's own, eg:

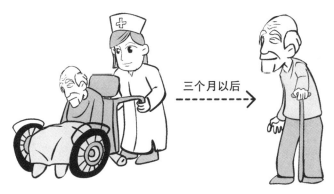

三个月以后

经过三个月的治疗，他现在可以自己走路了。

① 经过反复考虑，我们不准备要孩子了。
② 经过努力，他的汉语水平有了很大的提高。
③ 经过商量，她们让我去安慰小王。
④ 科学家们经过观察发现，竹子一开花就会死亡。
⑤ 经过这件事，这孩子变得懂事多了。

**2** 连词"以免"　The conjunction "以免"

连词"以免"表示避免发生某种不希望发生的情况。一般用于后一个小句的开头，主语往往不说出来。例如：

The conjunction "以免" means "to avoid an event that one does not wish to happen". It is often put at the beginning of a subsequent clause and the subject is often omitted, eg:

① 你们得有个孩子，<u>以免</u>你们老的时候没人照顾。

② 在高速路（gāosùlù　highway）上开车要特别小心，以免发生交通事故。

③ 我们先在网上查好了去上海的行车路线（lùxiàn　route），以免走错了路，耽误时间。

④ 你应该马上送她去医院，以免病情加重（jiāzhòng　become more serious）。

⑤ 自己的事尽量自己做，以免麻烦别人。

**3** 一会儿……一会儿（又）……

"一会儿……一会儿（又）……"格式表示动作或情况不断地变化。例如：

The structure "一会儿……一会儿（又）……" indicates the continuous changes of movements or conditions, eg:

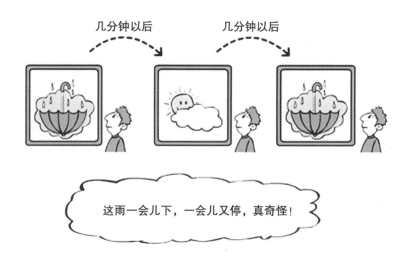

① 女婿却<u>一会儿</u>说现在竞争激烈，工作太忙；<u>一会儿又</u>说明年要读研，现在正在准备。

② 她一会儿哭，一会儿笑，到底是怎么了？

③ 晚会上，孩子们一会儿唱歌，一会儿又跳舞，玩儿得特别高兴。

④ 这几天的天气真不好，一会儿冷，一会儿热，好多人都感冒了。

⑤ 他一会儿想出国留学，一会儿又想马上找个工作，也不知他到底想干什么。

**4** 副词"就是" The adverb "就是"

在本课中，"就是"用在否定句中，表示态度坚决，不能更改，是副词。例如：

In this lesson, "就是" is used in a negative sentence to indicate one is determined to do something and will not change his or her decision, it's an adverb, eg:

我只喜欢它，就是不喜欢别的。

① 话说了很多，可<u>就是</u>不说生孩子的事。

② 不管我对他说什么，他就是不答应。

③ 我们反复对爸爸说，他应该好好儿休息休息了，可他就是不听。

④ 大夫让她住院，可她就是不想住。

⑤ 你别劝我了，我就是不愿意在这儿干了。我一定要调走。

 练习

## 第一部分 词语练习

一、选择词语填空：

> 反复 装 违反 严重 提 经过 就是 一会儿……一会儿（又）……
> 以免 负……的责任

(1) 你的病很_____，得赶快住院。

(2) 这个音比较难，只有_____练习才能掌握。

(3) 今天下午我要从你家门口_____，顺便还你自行车。

(4) 他这个人没准儿，_____要吃饺子，_____又要吃米饭。

(5) 她看起来没什么事，其实那都是_____出来的，她心里很痛苦。

(6) 咱们靠马路右边骑吧，靠左边骑_____交通规则。

(7) 爬山时大家最好走台阶，_____发生危险。

(8) 大家有什么要求都_____出来，我们尽量满足。

(9) 就业难、养老难已经成了_____的社会问题，要想办法解决。

(10) _____大家的努力，我们总算完成了这个重要的工作。

(11) 那天在舞会上，她_____不认识我，没跟我说一句话。

(12) 最近你_____感冒，该去医院看看。

(13) 你怎么_____哭，_____笑？我都不知道做什么了。

(14) 这个孩子喜欢吃肉，也喜欢吃水果，_____不喜欢吃蔬菜。

(15) 公园里树多，请不要在公园里吸烟，_____发生火灾。

(16) 你们俩已经结婚了，要_____起做丈夫和妻子_____。

(17) 王友认为那些男生_____了游戏规则，所以打了他们。

(18) 一_____起这件事她就哭，所以谁也不敢说了。

(19) 刚才妈妈从商店买回来了很多东西，_____没买我要的东西。

(20) 这个工作需要大家一起做，每个人都要_____起自己_____。

二、用所给词语完成句子或对话：

(1) ＿＿＿＿＿＿＿＿＿＿＿＿＿＿＿，我决定放弃去上海工作的机会。（经过）

(2) 上课的时候，老师赞扬了玛丽、杰克、爱德华，＿＿＿＿＿＿＿＿＿＿＿。（就是）

(3) 你一会儿说去，＿＿＿＿＿＿＿＿＿＿＿＿＿，到底去不去？（一会儿又……）

(4) 到底学什么专业，你自己决定，＿＿＿＿＿＿＿＿＿＿＿。（以免）

(5) ＿＿＿＿＿＿＿＿＿＿＿＿，一会儿又吃那个，难道不想减肥了？（一会儿）

(6) 上次考试我没考好，这次我要早点儿开始准备，＿＿＿＿＿＿＿＿＿＿。（以免）

(7) 我跟谁一起去旅行都可以，＿＿＿＿＿＿＿＿＿＿＿。（就是）

(8) A：从你的宿舍到教室＿＿＿＿＿＿＿＿＿＿＿？（经过）

　　B：要经过图书馆、食堂、办公楼等。

## 第二部分　综合练习 ...................................................

三、根据课文内容，完成相应的练习：

1. 模仿下列各句造句：

(1) 我和老伴儿想，小两口儿年轻不懂事，我们做父母的有责任提醒他们几句。

　　我们想，孩子还小，我们做父母的有责任帮助她改正一些不良习惯。

(2) 我们还提出，生养孩子的一切费用由我们负担，并帮他们带孩子。

　　前妻还提出，孩子每个月的生活费用由我负担，并另外给她二十万块钱。

(3) 女儿认为，生孩子会造成经济上的负担和精神上的压力；照料孩子要花很多的时间，这样生活质量就会下降。

　　大家都认为一到放假，用汉语的机会少了，这样汉语水平就会下降。

(4) 我们同他们小两口儿在生孩子这一问题上还僵持着，我们希望他们能回心转意，负起生儿育女的责任。

　　他们夫妇在这个问题上想法不一样，朋友们希望他们为孩子想一想，负起做父母的责任。

2. 用指定词语回答问题：

(1) 女儿是怎么告诉"我"不想要孩子的事的？他们为什么不要孩子？（经过　下降）

(2) 女婿是怎么说的？（一会儿……一会儿又……）

(3) 亲家帮"我"和老伴儿做孩子们的工作了没有？为什么？（主要　算了）

(4) "我"和老伴儿是怎么想的？（违反　以免）

3. 把课文中父母与女儿的谈话部分改写成对话：

妈妈：你们结婚已经三年了，该要孩子了。

女儿：妈，您着什么急啊！

爸爸：是啊，你们年纪也不小了，要个孩子吧。

女儿：_____

_____

_____

_____

_____

_____

_____

四、阅读下面的短文，完成相应的练习：

　　根据研究，"丁克"与"非丁（非丁克）"最大的不同就是愿不愿意负起生养孩子的责任。随着年龄的增长，越来越多的"丁克"们愿意生儿育女了。

　　28岁的小林是位大学教师，她觉得养孩子压力太大，怕负不起责任，就决定不要孩子，而比她大5岁的丈夫也没有作好当父亲的准备。

　　在一次聚会上，一对中年"丁克"夫妇好心地提醒小林：还是生一个孩子吧，不要像我们这样，等到不能生的时候后悔！这让年轻的小林大吃一惊，原来看起来幸福的"丁克"也有自己的问题。于是小林开始考虑自己家庭的下一步：是读博士还是生个小宝宝？

这两件事情让小林反复考虑了很久，最后她决定先生孩子，再读博士。小林喜欢猪，想等猪年生个"猪宝宝"。尽管只是一个想法，但养孩子要从身体、心理上作好准备。小林说不管有多难，她都要负起这份责任。

事实上，很多"丁克"并不是"丁克"们的自愿选择，而是因为有各种不同的想法，错过了生孩子的机会。当各种条件都变好以后，或者当"丁克"们突然认识到孩子在家庭中的重要作用时，他们中的很多人也就想成为父母了。

（改编自《今日中国》）

1. 用所给词语回答问题：

(1) 人们发现"丁克"与"非丁"的差别是什么？这种情况有没有变化？（负起）

(2) 小林夫妇为什么不要孩子？（怕　经过）

(3) 聚会时，小林的朋友说了什么？（以免）

(4) 朋友的聚会以后，小林有什么想法？最后她选择了什么？

（一会儿……一会儿又……）

2. 用所给词语完成语段：

小林是位大学教师，结婚五年了。她和丈夫，一个人想生活得压力小一点儿，一个人想把工作干得更好，＿＿＿＿＿＿＿＿＿＿＿＿＿＿（就是），于是成了"丁克"族。但是在一次聚会后，小林的观念发生了变化。她开始考虑读博士还是要孩子的事。有一段时间，她＿＿＿＿＿＿＿＿＿＿＿＿＿（一会儿……一会儿又……）。不过＿＿＿＿＿＿＿＿＿（经过），她决定先要孩子。

事实上，随着"丁克"们年龄的增长和各种条件的改变，他们中的很多人已经放弃了他们现有的生活方式。

3. 选择下列语句完成语段：

　① 多数"丁克"在结婚的前几年都会这么想

　② 改变现有的生活

　③ 各种条件的变化

　④ 研究认为

　⑤ 很多"丁克"不要孩子

　⑥ 随着年龄的增长

　⑦ 是不愿负起生养孩子的责任

　⑧ 就成了他们的愿望

　⑨ 他们会认识到孩子在家庭中的重要作用

　⑩ 生个胖娃娃

　　_____，_____，_____，_____。但是_____和

_____，_____。于是_____，_____，_____。

五、听后说：　🔘录音15

| 生词： | 支持 | zhīchí | support |
| --- | --- | --- | --- |
| | 婆婆 | pópo | husband's mother |
| | 公公 | gōnggong | husband's father |
| | 癌症 | áizhèng | cancer |
| | 去世 | qùshì | die; pass away |

　　五年前，王朋和马静……，……，现在马静已经……。

第 ③ 部分　表达训练 ·····························································

六、自由表达：

　(1) 你认为"丁克"家庭有哪些利弊？

　(2) 你喜欢什么样的家庭，孩子多的、孩子少的还是没有孩子的？为什么？

七、看图说话：

① 

② 

③ 

④

# 30 全职爸爸

你认为应该由谁来照顾孩子，是丈夫还是妻子？

 **课文** 🔘 录音17

在中国人的传统观念中，夫妻两个人的分工应该是"男主外，女主内"，所以像照顾孩子这样的家务事自然是由母亲来承担，跟父亲的大男人形象根本不会联系到一起。不过在今天，一种新的家庭角色——"全职爸爸"出现了。在记者调查的1000户家庭中，由爸爸照顾孩子的家庭从几年前的三四户上升到了二三十户，"全职爸爸"越来越多了。

"全职爸爸"们选择"回归"家庭，大体上有五个理由：一是自己的工作单位前景不乐观，但妻子的工作条件、福利待遇和工资收入还不错，所以自己选择回到家庭。二是自己在事业上已经获得了很大成功，暂时

**生词** 🔘 录音16

1 全职 quánzhí（形）full-time
2 分工 fēngōng（动）
   division of labour
3 主 zhǔ（动）
   manage; take charge of
4 家务事 jiāwùshì（名）
   household duties
5 承担 chéngdān（动）
   bear; undertake
6 联系 liánxì（动）relate; associate
7 角色 juésè（名）role; part
8 户 hù（量）household; family
9 上升 shàngshēng（动）
   go up; increase
10 回归 huíguī（动）return
11 大体 dàtǐ（副）
   on the whole; by and large
12 理由 lǐyóu（名）reason
13 单位 dānwèi（名）
   unit; organization
14 前景 qiánjǐng（名）
   prospect; vista
15 福利 fúlì（名）welfare
16 待遇 dàiyù（名）
   remuneration; pay
17 事业 shìyè（名）career
18 获得 huòdé（动）acquire; gain

可以在家享受天伦之乐。三是考虑到职业女性有所谓的"35岁关口"，希望能助妻子一臂之力，让她在35岁以前在事业上取得成就。四是妻子的工作能力确实很强，比自己更适合在外工作，所以夫妻二人在家庭角色上交换了位置。五是自己从事的职业能够在家办公，工作、育儿都不耽误。

目前，社会上对"全职爸爸"有不同的看法。尽管有人赞成，但还有相当一些人认为男人做"全职爸爸"很没面子，这对"全职爸爸"们的心理承受能力是一个考验。已经做了一年多"全职爸爸"的一位先生说："要做'全职爸爸'，首先要过的是自己的心理关。当时我告诉自己，这样做既能尽到一个父亲的义务，又能让爱人没有后顾之忧，专心工作，双方都能为家庭尽力。只要一家人和谐快乐，别人说什么都是无所谓的。"从目前来看，大多数"全职爸爸"都能得到妻子的支持和称赞。年轻妈妈们非常感谢自己的丈夫对家庭的付出。她们认为这样会使

19 天伦之乐 tiānlún zhī lè
the love and happiness of a family

20 女性 nǚxìng（名）female; woman

21 所谓 suǒwèi（形）
so-called; what is called

22 关口 guānkǒu（名）juncture

23 一臂之力 yí bì zhī lì
lend sb. a hand

24 确实 quèshí（副）really; indeed

25 强 qiáng（形）strong; powerful

26 交换 jiāohuàn（动）
exchange; interchange

27 位置 wèizhì（名）
place; position

28 能够 nénggòu（助动）
can; be able to

29 办公 bàn gōng（动）
do office work

30 目前 mùqián（名）
the present time

31 看法 kànfǎ（名）
perspective; view

32 赞成 zànchéng（动）
approve of; favour

33 面子 miànzi（名）
face; reputation; prestige

34 考验 kǎoyàn（名、动）test; trial

35 关 guān（名）barrier

36 尽 jìn（动）fulfil

37 义务 yìwù（名）duty; obligation

38 爱人 àiren（名）
husband or wife; spouse

39 后顾之忧 hòu gù zhī yōu
trouble back at home

40 专心 zhuānxīn（形）absorbed

41 双方 shuāngfāng（名）
both sides

42 尽力 jìn lì（动）
do one's utmost

43 和谐 héxié（形）harmonious

44 无所谓 wúsuǒwèi（动）
be indifferent to

家庭结构更牢固，夫妻关系更和谐，家庭也

减少了请保姆等的费用和支出。大多数妻子

都相信，孩子长大后，爱人还能重新在事业

上发挥自己的能力。

（来源：《中国妇女报》）

| 45 支持 zhīchí（动） | support; be in favour of |
| 46 称赞 chēngzàn（动） | praise; acclaim |
| 47 付出 fùchū（动） | make a lot of efforts |
| 48 结构 jiégòu（名） | structure |
| 49 牢固 láogù（形） | firm; solid |
| 50 减少 jiǎnshǎo（动） | reduce; decrease |
| 51 支出 zhīchū（名、动） | expense; pay |
| 52 发挥 fāhuī（动） | bring into play |

想一想　说一说　　谈一谈你对"全职爸爸"的看法。

 词语扩展

1 | 大体 | 大体上　大体相同　大体了解

①"全职爸爸"们选择"回归"家庭，大体上有五个理由……
② 我们几个人的看法都大体相同。
③ 因为时间的关系，他今天只给我们大体介绍了一下公司的情况。
④ 我大体了解了一下儿，这件事的责任不在小王。

2 | 获得 | 获得成功　获得了一次机会　获得第一名　获得称赞

① 二是自己在事业上已经获得了很大成功，……
② 经过多次考试，她终于获得了出国留学的机会。
③ 在全校的篮球比赛中，我们班获得了冠军（guànjūn　champion）。
④ 这项工作他完成得特别好，获得了大家的称赞。

**3** 交换 交换位置 交换留学生 交换看法 交换场地

① ……所以夫妻二人在家庭角色上交换了位置。

② 他们两国之间每年都要交换近百名留学生。

③ 你现在有时间吗？我想跟你交换一下看法。

④ 双方交换了场地（chǎngdì court; ground）之后马上继续进行比赛。

**4** 尽 尽心 尽力 尽义务 尽责任

① 当时我告诉自己，这样做既能尽到一个父亲的义务，又能让爱人没有后顾之忧，专心工作，……

② 你有什么困难就去找他，他一定会尽力帮助你的。

③ 他们已经尽了最大的努力，但是事情还是没办好。

④ 别伤心了，大家都知道你已经尽了责任。

**5** 减少 减少工作 减少费用 减少支出 减少负担

① ……家庭也减少了请保姆等的费用和支出。

② 人们通过调查发现，这种动物的数量每年都在减少。

③ 上下班的高峰时汽车拥堵的现象（xiànxiàng degree）减少了很多。

④ 我认为老师们应该尽量减少小学生们的作业负担。

**6** 发挥 发挥能力 发挥作用 发挥想象力 发挥出来

① 大多数妻子都相信，孩子长大后，爱人还能重新在事业上发挥自己的能力。

② 她是一位孩子们喜欢的好老师，她知道怎样去发挥孩子们的想象力。

③ 因为腿上有伤，这位运动员今天发挥得不太好。

④ 我认为，作为老板，应该尽量让职员们的特长（tècháng strong point）发挥出来。

 语言点注释

> 1. 联系
>
> 2. 形容词"所谓"
>
> 3. 副词"确实"
>
> 4. 动词"无所谓"
>
> 5. 从……来看

**1** 联系

"联系"既是动词，又是名词。

"联系" can be used as a verb and a noun.

（1）动词。指人与人之间、物与物之间或者人与事物之间发生关系。例如：

Verb. It means to have relationships between persons and things, or a person and a thing, eg:

听说美爱昨天到了，我想跟她联系一下儿，有时间的话见个面。

① 所以像照顾孩子这样的家务事自然是由母亲来承担，跟父亲的大男人形象根本不会<u>联系</u>到一起。

② 如果把这两件事<u>联系</u>起来考虑，也许我们能找到解决的办法。

③ 我帮他<u>联系</u>了几家公司去面试，可是都没成功。

④ 自从大学毕业以后，我们就一直没<u>联系</u>过。

⑤ 你有她的消息（xiāoxi　news）吗？我们想了很多办法都没联系上她，真急人！

（2）名词。常和"保持""建立""失去"等动词连用。例如：

Noun. It is often used with verbs, such as "保持", "建立" and "失去", eg:

① 他出国以后，我们就跟他失去了联系。

② 虽然她去外地工作了，但她还一直跟原来的同事保持着联系。

## 2 形容词"所谓"　　The adjective "所谓"

形容词"所谓"有两个意思：

The adjective "所谓" has two meanings.

（1）用于引述别人的词语，含有不承认的意思（所引词语多加引号""）。例如：

It is used to quote the words of others, implying that the speaker does not agree with what others have said, (The quoted words are often put in quotation marks.) eg:

① ……考虑到职业女性有所谓的"35 岁关口"，……

② 看电视就是你所谓的"业余生活"吗？

③ 他所谓的"自由"，其实就是没有责任心，自己想干什么就干什么。

④ 难道你就想过这种所谓的"幸福生活"吗？

（2）通常所说的。多用于提出需要解释的词语，接着加以解释。例如：

It means "as is often said" and it is often used to put forward the word to be explained, and then explain the word in the subsequent clause, eg:

老师，什么是"丁克家庭"？

所谓"丁克家庭"，就是……

① 所谓"丁克家庭"，就是指那些结婚以后不要孩子的家庭。

② 所谓"红娘"，是指那些帮助别人完成美好婚姻的人。

③ 所谓"全职爸爸"，是指那些不工作，在家里专门照顾孩子的爸爸们。

**3** 副词"确实"  The adverb "确实"

副词"确实"，表示所说的情况完全符合实际。在句中作状语，修饰动词和形容词。例如：

The adverb "确实" means that what has been said is true. It can be used as an adverbial in a sentence to modify a verb or an adjective, eg:

① ……妻子的工作能力确实很强，妻子比自己更适合在外工作，……

② 她说的那本书确实很好，我也想买一本。

③ 他这样做确实不太合适。

④ 最近几年，这种运动在国内发展得确实很快。

⑤ 这个孩子最近确实学习很努力，这次考试考得不错。

**4** 动词"无所谓"  The verb "无所谓"

动词"无所谓"并不是"所谓"的否定形式。它有两个意思：

The verb "无所谓" is not the negative form of "所谓". It has two meanings.

(1) 没有什么关系，不在乎。例如：

It doesn't matter; one does not care. Eg:

① 别人说什么都是<u>无所谓</u>的。

② 她去不去无所谓，不过你一定得去。

③ 让我做什么工作都可以，我无所谓。

④ 虽然一下子丢了这么多钱，但看起来她好像无所谓。

(2) 没有什么可以叫做；说不上；谈不上。例如：

Cannot be designated as; not really. Eg:

① 这里一年四季都很暖和，无所谓春夏秋冬。

② 最近我们特别忙，星期六、星期日也要加班，所以无所谓周末不周末。

③ 这家饭馆的饭菜很便宜，但无所谓色、香、味（wèi flavour）。

**5** 从……来看

介词结构"从……来看"，表示根据某种情况作出某种判断。例如：

The preposition structure "从……来看" means to make a certain judgment based on a certain condition, eg:

从后面看，他像58；从前面看，他有82。

① <u>从</u>目前<u>来看</u>，大多数"全职爸爸"都能得到妻子的支持和称赞。

② 从这次考试的成绩来看，我们班的同学大部分都有了很大的进步。

③ 从表面来看，他们俩好像关系不错，其实他们谁也不喜欢谁。

④ 从小王最近的工作表现来看，我认为他做得还不够好。

⑤ 从现在的比分来看，蓝队肯定能赢。

 练 习

第一部分　词语练习·····································

一、选择词语填空：

1. 联系　大体　获得　所谓　确实　交换

(1) 网络发展得很快，人们可以通过网络_____很多需要的信息。

(2) _____馅饼，就是用面粉做的里面有肉和蔬菜的圆圆的饼。

(3) 他出国以后，我们好长时间没_____了，不知道情况怎么样。

(4) 你说的跟我们的想法差不多，我们_____上同意。

(5) 他_____成了企业家，你要是不相信可以去问村长。

(6) 两个城市的学生见面以后，大家_____了纪念品。

(7) 这个电影我_____看懂了，不过有的对话没听懂。

(8) 随着社会的快速老龄化，老年人快速增加，现有的养老机构_____不够。

(9) 给老人买了大房子，但是每天让老人一个人待在家里，没有人去看看她，没有人去陪陪她，这就是你们_____的"孝顺"吗？

(10) 他的表演非常棒，_____了奥斯卡奖（Oscar）。

(11) 这是两件不同的事，你可别把它们_____在一起。

(12) 开会的时候，大家_____了不同的想法，最后一起作出了决定。

2. 尽　无所谓　从/来看　减少　发挥

(1) 你为大家已经_____了最大的努力，我们应该感谢你。

(2) 烤鸭今天吃不吃都行，我_____。

(3) 来这个饭馆吃饭的顾客从以前的每天八九十个_____到了五六十个。

(4) 从他说的话_____，他好像并不知道发生了什么。

(5) 虽然收入增加了，但是休息时间却_____了。

(6) 考试考得这么糟糕，你怎么还_____呢？

(7) 你是孩子的爸爸，在家里要_____你的重要作用。

(8) 负担孩子的生活费用是你应该_____的责任。

(9) _____现场来看，那只价值很高的喇叭是被一个店员偷走了。

(10) 这次比赛他们每个人_____得都很好。

## 二、用所给词语完成句子或对话：

(1) 他的脾气一直很好，可是今天他却大发脾气，这_____。（联系）

(2) 明天还有篮球比赛，今天_____。（无所谓）

(3) _____，他的汉语水平提高得很快。（从……来看）

(4) 老人们知道儿女们工作太忙，_____。（确实）

(5) 我和丈夫觉得_____，不想要孩子。（确实）

(6) _____，就是夫妻双方都有收入、不要孩子的家庭。（所谓）

(7) A：女儿知道你们离婚了吗？

　　B：_____，她可能还不知道。（从……来看）

(8) A：小林，李明的电话打通了吗？

　　B：没有啊，_____，不知道他去哪儿了。（联系上）

(9) 每天不按时回家，在外面吃饭、喝酒、玩儿，这就是_____吗？（所谓的）

(10) 我对吃的东西要求不高，_____。（无所谓）

## 三、选择恰当的词语填空：

(1) 最近气温_____得很快，已经_____了二十七八度，眼看就要到夏天了。

　　　　　　　　　　　　　　　　　　　　　　（上升　上升到　增加）

(2) 这个公司销售的产品品种_____了200%，目前_____了30多种。

　　　　　　　　　　　　　　　　　　　　　　　（上升　增加　增加到）

(3) 年轻的时候，他们在_____上花了太多的时间，没有时间要孩子，现在成了"丁克"。（职业　事业）

(4) 小林发现自己很适合销售这个_____，他决心做好自己的_____。

（职业　事业）

(5) 丈夫在事业上已经_____了成就，于是"回归"家庭支持妻子。（获得　取得）

(6) 马丁的表演自然、幽默，_____了大家的称赞。（获得　取得）

(7) 虽然是"男主外，女主内"，但是为了家庭的和谐和妻子的发展，夫妻要_____观念，有时候夫妻也要_____角色。（交换　改变）

(8) 大家都_____他这种埋头苦干的工作精神，总经理更是不停地点头_____。

（赞扬　称赞）

## 第二部分　综合练习

**四、根据课文内容，完成相应的练习：**

1. 给下列词语排序，组成完整的句子：

(1) 角色　理由　我们　交换　的　是　这　正

(2) 妻子　为　家庭　就　尽力　支持　是

(3) 已经　事业上　获得了　丈夫　很大　在　成功

(4) 请　家庭　费用　和　减少了　保姆　支出　的

(5) 大体上　五个　出现　有　理由　"全职爸爸"

(6) 在　发挥了　丈夫　能力　事业上　自己的　重新

2. 模仿下列各句造句：

(1) 照顾孩子是母亲的事，跟父亲的大男人形象根本联系不到一起。
　　什么时候要孩子是我们自己的事，跟别人根本联系不到一起。

(2) 由爸爸照顾孩子的家庭从几年前的三四户上升到了二三十户。
　　我的爱好从大学时的三个减少到了现在的一个。

(3) 他们希望帮助妻子尽量在 35 岁以前在事业上取得成就。

我希望同学们尽量在上课前十分钟来教室。

(4) 她们认为这样家庭结构更牢固，夫妻关系更和谐，家庭也减少了请保姆等费用和支出。

（老人去养老院）我们认为这样老人更高兴，儿女们更放心，社会也解决了一些就业问题。

3. 用指定词语回答问题：

(1) 在家庭中，一般由谁来照顾孩子？（由　根本）

(2) 社会上对"全职爸爸"有什么看法？（不同　面子）

(3) 做了"全职爸爸"的陈先生是怎么想的？（尽　无所谓）

(4) 妻子们怎么看"全职爸爸"的出现？（更　重新）

4. 简写或简述当"全职爸爸"的五个理由：

所谓　确实　交换　获得

目前，出现"全职爸爸"大体上有五个理由，_____

_____

_____

_____

_____

五、阅读下面的短文，完成相应的练习

> 钱先生的女儿出生后，因为双方的老人身体不好，不能帮助他们带孩子，妻子的事业发展得很顺利，不同意回家带孩子，没办法，他只好辞职在家带孩子。

刚开始的时候，钱先生很不适应，周围的人看他的眼神也让他很难过。后来看到女儿健康成长，妻子工作做得很好，他也就无所谓了。

现在女儿五岁了，钱先生已经习惯了在家照顾孩子和妻子的生活，暂时不想再外出工作。另外他喜欢上了写育儿文章，想把自己这几年养育孩子的经验写成一本书。但是他的妻子认为他应该有事业心，并希望他外出工作。他却认为在家办公也照样能成就事业，他们在这个问题上僵持着。没过多久，妻子提出了离婚，理由是两人观念不同。钱先生虽然很伤心，但是还是同意了。

目前，钱先生找到了新的女友，新女友有自己的饭店，对他提出的条件也一口答应了。钱先生当时提出的条件就是对方能支持他"在家工作"，而钱先生自己的解释是，他已经喜欢上了"在家工作"的生活，他会把家庭生活安排得非常科学，既可以照料好孩子，又可以总结自己的育儿经验，为以后出书积累资料。

1. 用所给词语回答问题：

(1) 钱先生为什么辞职了？（交换　尽）

(2) 刚开始做"全职爸爸"时，钱先生高兴吗？为什么？（确实）

(3) 后来钱先生有什么变化？为什么？（无所谓　重新）

(4) 妻子为什么提出了离婚？（所谓的）

(5) 新女友同意钱先生提出的条件了吗？他为什么提出这样的条件？（发挥）

2. 用所给词语复述上文：

尽……义务　根本　确实　尽量

3. 选择下列语句完成语段：

① 他积累了很多养育孩子的经验
② 看到孩子健康成长

③ 尽量写成一本有趣的书

④ 妻子对他也很满意

⑤ 做全职爸爸时

⑥ 他也觉得很满足了

⑦ 也有了很多的想法

⑧ 他根本不适应

⑨ 他决定总结这些经验和想法

⑩ 给那些正在养育孩子的年轻的爸爸妈妈们提供帮助

刚＿＿＿＿＿＿＿，＿＿＿＿＿＿＿，后来＿＿＿＿＿＿＿，＿＿＿＿＿＿＿，
＿＿＿＿＿＿＿。慢慢地，＿＿＿＿＿＿＿，＿＿＿＿＿＿＿，于是＿＿＿＿＿＿＿，
＿＿＿＿＿＿＿，＿＿＿＿＿＿＿。

## 第三部分 表达训练

**六、听后说：** 录音18

| 生词： | 白班 | báibān | day shift |
|---|---|---|---|
| | 夜班 | yèbān | night shift |
| | 加班 | jiā bān | work extra shifts |
| | 不快 | búkuài | unhappy |
| | 儿童 | értóng | child |
| | 相声 | xiàngsheng | crosstalk |
| | 舞台 | wǔtái | stage |
| | 一等奖 | yīděng jiǎng | first prize |

小王失业了，……，他觉得自己是一个很成功的"全职爸爸"。

**七、自由表达：**

(1) 为什么做"全职爸爸"要承受心理考验？

(2) 你认为"全职爸爸"对孩子有哪些好处？

八、看图说话：

提示词语　确实　减少　所谓的　发挥……作用

①

②

③

④

# 31 单身贵族

以前你听说过"单身贵族"这种说法吗？

 **课 文** 录音20

单身贵族是指没有固定伴侣、没有子女又比较富有的人，一般是指具有上述情况的白领阶层。做一个能够养活自己并过得很好的人，这大概是所谓"单身贵族"一个最起码的条件，也就是说，要有物质基础。当然，还必须有一些其他后续条件，否则根本"贵族"不起来。单身贵族应该有这样一种特质，即具有一种超过一般人的生活能力与生活智慧，善于将生活中种种琐碎的杂事调节得稳妥、有序，并能从中享受到一种特别的快乐。

现在越来越多的人因为各种原因选择单身。他们这样做都有特别的理由。

甲，女，31岁，机关干部：我认为大龄单身是对生活方式的一种选择，是属于现

**生词** 录音19

1 贵族 guìzú（名）
　　noble; nobleman
2 固定 gùdìng（形、动）
　　fixed; fasten
3 伴侣 bànlǚ（名）
　　companion; mate
4 富有 fùyǒu（形）rich; wealthy
5 指 zhǐ（动）refer to
6 具有 jùyǒu（动）possess; have
7 上述 shàngshù（形）
　　above-mentioned
8 白领 báilǐng（名）
　　white-collar office worker
9 阶层 jiēcéng（名）
　　(social) stratum; class
10 养活 yǎnghuo（动）
　　provide financial support for
11 起码 qǐmǎ（形）
　　minimum; least
12 物质 wùzhì（名）
　　substance; material
13 基础 jīchǔ（名）foundation; base
14 其他 qítā（代）other
15 后续 hòuxù（形）follow-up
16 否则 fǒuzé（连）
　　otherwise; if not
17 特质 tèzhì（名）
　　(of people) special quality
18 超过 chāoguò（动）
　　exceed; surpass

代的，但不是时尚的。我不是一个时尚的人，也不赞成人们游戏婚姻的观点。

我的观点是，单身是对婚姻的主动选择。为了不把婚姻变得无趣，为了尊重婚姻的意义，就像人们选择婚姻来巩固爱情一样，单身也应该被接受。我大概是不会选择婚姻了。我的选择得到了父母和朋友的理解。

**乙，男，33岁，网络工作人员**：主观上，我很不愿意到现在还是单身；客观上，我又实在是抽不出时间谈恋爱，更何况结婚呢？

其实读硕士的时候，我跟一个女研究生谈过恋爱。开始时觉得还可以，周末见面，吃吃饭、聊聊天儿什么的，后来那姑娘成天要我陪着，可我那一阵忙得不得了，哪有时间陪她？

现在竞争太激烈，工作上我只有全力以赴，才不会败给比我年轻的人。所以，别说我没有精力，就算我有空闲的时间，也暂时不会考虑婚姻。

**丙，男，34岁，工程师**：其实我并不

19 将 jiāng （介）*used to introduce an object before a verb*
20 琐碎 suǒsuì （形）trifling; trivial
21 杂事 záshì （名）chores
22 调节 tiáojié （动）adjust; regulate
23 稳妥 wěntuǒ （形）safe; reliable
24 有序 yǒuxù （形）in order
25 机关 jīguān （名）office; organ
26 干部 gànbù （名）cadre
27 大龄 dàlíng （形）above the average age for marriage
28 属于 shǔyú （动）belong to
29 时尚 shíshàng （形、名）fashionable; vogue
30 观点 guāndiǎn （名）point of view
31 变 biàn （动）change
32 无趣 wúqù （形）uninteresting
33 尊重 zūnzhòng （动）respect; esteem
34 巩固 gǒnggù （动）strengthen; solidify
35 乙 yǐ （名）the second of the ten Heavenly Stems
36 人员 rényuán （名）personnel; staff
37 主观 zhǔguān （形）subjective
38 客观 kèguān （形）objective
39 何况 hékuàng （连）much less; let alone
40 硕士 shuòshì （名）Master
41 研究生 yánjiūshēng （名）graduate student
42 姑娘 gūniang （名）girl
43 成天 chéngtiān （副）all day long; all the time
44 一阵 yí zhèn period of time
45 不得了 bùdéliǎo （形）terribly; extremely

喜欢当"单身贵族"，只是有太多的原因，让我现在还是一个人生活。

我大学毕业后在一个工厂工作，待遇还可以，不过我不太喜欢那个城市，一直想找机会回到父母身边。这样一过就是几年。等我调回来的时候，都已经32岁了。尽管有很多人给我介绍女朋友，可就是没缘分。没想到，现在倒成了时尚的"单身贵族"，但在我的内心深处，真的很希望有我爱的人出现。问题是我没有时间去发现这样的女人。

46 全力以赴 quán lì yǐ fù
　　go all out
47 败 bài（动）fail
48 精力 jīnglì（名）energy; vigour
49 空闲 kòngxián（形、名）
　　idle; spare time
50 丙 bǐng（名）the third of the
　　ten Heavenly Stems
51 工程师 gōngchéngshī（名）
　　engineer
52 身边 shēnbiān（名）
　　(at or by) one's side
53 缘分 yuánfèn（名）
　　lot or luck by which people
　　are brought together
54 倒 dào（副）
　　*contrary to what is expected*
55 深处 shēnchù（名）
　　inmost part

**想一想　说一说**　谈一谈你对"单身贵族"这种生活方式的看法。

## 词语扩展

**1**　固定　固定工作　固定职业　固定收入　固定住

① 单身贵族是指没有固定伴侣、没有子女又比较富有的人。

② 大学毕业以后，他一直没有找到固定工作。

③ 做我们这个工作的，没有固定收入。

④ 我每天锻炼身体的时间是固定的。

⑤ 这棵小树风一吹就要倒，得把它固定一下儿。

**2** | 具有 | 具有这些情况　具有吸引力　具有象征意义 |

① 一般是指具有上述情况的白领阶层。

② 他这个人具有很强的适应能力，不管到哪儿，都会很快地习惯。

③ 这些漂亮的玩具（wánjù toy）对孩子们太具有吸引力了。

④ 画儿中的这个苹果具有象征意义。

**3** | 其他 | 其他人　其他事　其他（的）条件 |

① 当然，还必须有一些其他后续条件，……

② 除了小张以外，其他人都参加了这次爬山活动。

③ 我说完了，你还有没有其他要说的？

④ 马丁打电话来说，他新去的那家公司工作环境不错，其他条件也很好。

**4** | 属于 | 属于现代的　属于我　属于那所大学 |

① 我认为大龄单身是对生活方式的一种选择，是属于现代的，但不是时尚的。

② 这座房子现在属于我了。

③ 这家医院属于那所大学吗？

④ 这些属于语法问题，明天我们再讲吧。

**5** | 一阵 | 这一阵　下了一阵雨　流行了一阵 |

① 可我那一阵忙得不得了，哪有时间陪她？

② 前一段时间事情比较多，这一阵好点儿。

③ 老板批评他的时候，他的脸红一阵，白一阵的。

④ 这种衣服流行（liúxíng popular）了一阵，我也有一件。

**6** | 不得了 | 高兴得不得了　冷得不得了　急得不得了 |

① 可我那一阵忙得不得了，哪有时间陪她？

② 听说儿子得了冠军，父母都高兴得不得了。

③ 一到晚上，我的房间里就冷得不得了。

④ 她的车钥匙找不着了，急得不得了。

## 语言点注释

> 1. 形容词 "起码"
>
> 2. 连词 "否则"
>
> 3. ～上
>
> 4. 连词 "何况"
>
> 5. 副词 "倒

### 1  形容词 "起码"　The adjective "起码"

形容词 "起码" 表示最低限度的。在句中作定语，可以受副词 "最" 修饰。例如：

"起码" is an adjective. It indicates the bottom line, and is used as an attribute in a sentence. It can be modified by the adverb "最", eg:

① 做一个能养活自己而且过得很好的人，这大概是所谓 "单身贵族" 一个最起码的条件，……

② 要掌握一门外语，这是我们对新进职员的起码要求。

③ 他这几年大学是怎么上的？这些最起码的知识都不知道！

④ 在我们那儿，如果你想结婚，先得准备好房子和汽车，这是最起码的。

在句中作状语，也可以受副词 "最" 修饰。例如：

Adverb. It can be used as an adverbial in a sentence and can also be modified by "最", eg:

哥哥把花瓶打碎了，等妈妈回来时，起码会说他一顿。

① 这箱苹果起码有 30 斤。

② 刚才他在这儿等安妮，起码等了两个钟头，可是安妮一直没回来。

③ 她汉语说得这么好，起码学了两年了。

**2　连词"否则"　The conjunction "否则"**

表示"如果不是这样"。连接小句，用在后一个小句的前头。例如：

It means "otherwise" and is used to link a clause at the beginning of a subsequent clause, eg:

① 当然，还必须有一些其他后续条件，<u>否则</u>，根本"贵族"不起来。

② 他一定是有急事，否则，不会连续打了三次电话来找你。

③ 马克可能病了，否则，他一定会来上课。

④ 如果你有重要的事情可以请假。否则，一定要参加明天的会议。

⑤ 不管学什么外语，都得多听、多说、多读、多写，否则就学不好。

**3　~上**

方位名词"上"用在其他名词的后边，表示在物体的顶部或表面，或表示在某种事物的范围内和某一方面，例如"山上、地上、脸上、心上、主观上、事实上"等等。例如：

The noun "上" is put after a noun to indicate the top or surface of an object or the range or aspect of something. For example, "山上", "地上", "脸上", "心上", "主观上" and "事实上", etc, eg:

他事业上很成功。

他婚姻上也很幸福。

① 主观<u>上</u>，我很不愿意到现在还是单身；客观<u>上</u>，我又实在是抽不出时间谈恋爱，……

② "全职爸爸"们选择"回归"家庭，大体上有五个理由，……

③ 地上怎么都是水啊？

④ 她一不高兴就会表现在脸上。

⑤ 他的话你别放在心上，别生气。

⑥ 事实上，他到现在还不知道这件事。

**4** 连词"何况" The conjunction "何况"

连词"何况"用于反问语气，表示二者对比中更深一层的意思。例如：

The conjunction "何况" is often used in rhetorical questions to indicate a further comparison, eg:

他都举不起来，更何况那位老人呢？

① ……我又实在是抽不出时间谈恋爱，更何况结婚呢？

② 学好自己的母语都不是一件容易的事，何况学好一门外语呢？

③ 坐车去都来不及，何况走着去呢？

④ 天气不好的时候颐和园里的人就挺多，更何况今天天气这么好呢？

⑤ 周末都得加班，更何况平时呢？

**5** 副词"倒" The adverb "倒"

在本课中，主要介绍副词"倒"的两个意思和用法：

In this lesson, the two meanings and usages of "倒" are explained as follows:

（1）表示跟意料相反。例如：

It means contrary to one's expectations, eg:

弟弟　　　　　哥哥

弟弟倒比哥哥高。

① 等我调回来的时候，都已经 32 岁了。尽管有很多人给我介绍女朋友，可就是没缘分。没想到，现在倒成了时尚的"单身贵族"，……

② 他小时候经常生病，没想到他现在身体倒挺棒的。

③ 没吃药，病倒好了。

④ 平时没什么事，周末倒忙起来了。

(2) 表示让步，常用在"A 倒（是）A"的格式中。例如：

It indicates concession and is often used in the phrase "A 倒(是)A", eg:

① 这件衣服我穿着合适倒是合适，就是太贵了。

② 我跟她认识倒认识，就是不太熟。

③ 他来倒是来了，不过来得太晚了。他来的时候，公司已经下班了。

# 练习

## 第一部分 词语练习

一、选择词语填空：

1. 固定　具有　起码　其他　否则　属于

(1) 按时来上课是对学生最_____的要求，请大家记住。

(2) 筷子_____挑、拨、夹、拌等功能。

(3) 我们要趁年轻做好事业，_____就会错过机会。

(4) 他们班同学没有_____的座位，每天上课随便坐。

(5) 没做完作业的同学留下来，_____人可以放学了。

(6) 她_____那种活泼开朗的人，很喜欢结交朋友。

(7) 我找男朋友，除了性格好以外，当然还有_____条件。

(8) 在中国，红色_____吉祥、喜庆的象征意义。

(9) 结婚以后，家里的东西_____夫妻两个人，你把电视送给别人怎么不跟我商量呢？

(10) 从这个孩子的个子来看，他_____15岁了。

(11) 你每天上网时间不能超过两个小时，_____就会影响学习。

(12) 她的地址很不_____，因为她经常搬家。

2. 何况　一阵　不得了　~上　倒

(1) 刚才下了_____大雨，所以地上有很多水。

(2) 比赛快开始了，他还没到赛场，大家都急得_____。

(3) 平时公园人就很多，_____过节呢？

(4) 这个地方交通方便_____方便，就是离工作单位太远。

(5) 他忙得连吃饭的时间都没有，_____陪你逛街呢？

(6) 他跟女朋友分手了，思想_____他能接受，但是感情_____还没有适应。

(7) 上个月我们忙了_____，这个月好多了，有时间陪你了。

(8) 在这个问题_____，大家的意见很不同。

(9) 前两天那么冷，这几天_____暖和了。

(10) 外面风大得_____，别去跑步了，等风停了再去吧。

二、用所给词语完成句子或对话：

(1) 这道题连老师都做不出来，_____？（何况……呢）

(2) 他的网球水平很高，跟他的同学打已经没意思了，_____？（何况……呢）

(3) 20 多岁的时候，她急着找男朋友，现在 30 多岁了，_____。（倒）

(4) 我已经工作了，_____。（再也不靠父母了）（~上）

(5) 我在减肥，晚上一定要少吃，_____。（否则）

(6) 咱们起码要提前一个小时到机场，_____。（否则）

(7) 作为学生，你_____。（起码）

(8) A：你们跟父母之间有什么矛盾（máodùn）吗？

B：最近是有些矛盾，我们和父母_____想法不同，现在还僵持着呢。 （~上）

(9) A：给爱德华的礼物买了吗？

B：_____，但不知合适不合适。 （倒）

(10) A：这件衣服多少钱？

B：_____，少一分都不卖。（起码）

三、选择恰当的词语填空：

(1) 他是个自由职业者，没有_____的职业。（一定  固定）

(2) 每个国家的语言中表示颜色的词语都有_____的象征义。（一定  固定）

(3) 他们谈过好长_____恋爱，后来不知为什么分手了。（一阵  一段时间）

(4) 下午下了_____雨，不过很快就停了。（一阵  一段时间）

(5) 周末逛商店的人多得_____，咱们今天别去商店了。（极了  不得了）

(6) 那天他饿_____，一会儿就吃了三碗饭。（极了  不得了）

(7) 小张希望能找到一位跟自己_____缘分的女朋友。（有  具有）

(8) 单身贵族往往_____超过一般人的生活能力和生活智慧。（有  具有）

(9) 这两个词的_____一样，但是用法不同。（意义  意思）

(10) 丈夫和妻子之间应该互相信任，互相支持，否则婚姻就没有_____了。

（意义  意思）

**第 二 部分  综合练习**

**四、根据课文内容，完成相应的练习：**

1. 给下列词语排序，组成完整的句子：

　　(1) 是　婚姻的　对　单身　主动　选择

　　(2) 贵族　倒　时尚的　现在　成了　单身　他

　　(3) 爱情　选择　人们　来　婚姻　巩固

　　(4) 不　我　婚姻的　从来　赞成　观点　游戏

　　(5) 我　到　不愿意　主观上　还是　现在　单身

　　(6) 一个　这是　所谓的　最　条件　单身贵族的　起码的

2. 用指定词语回答问题：

　　(1) 什么是"单身贵族"？（固定）

　　(2) 甲选择单身的理由是什么？（主动　属于）

　　(3) 乙为什么选择单身？（~上　何况……呢）

　　(4) 丙为什么还是单身？（缘分　倒）

3. 简写或简述甲、乙、丙三人单身的理由：

　　　　主动　何况……呢　倒

　　甲认为单身是一种生活方式，_____

_____

_____

_____

五、阅读下面的短文，完成相应的练习：

　　大学毕业后，我来到北京打工。

　　那天，我正在一家中介公司查找租房信息，一个女孩儿突然问我："我找到了一套不错的房子，咱俩合租怎么样？"

　　我想了想，就跟她一起去看了房子。那套房子不错，两个人合租价钱承受得起，于是我决定跟她一起租住这套房子。原来她是一名自由职业者，没有固定的工作单位，靠给报社或杂志社写文章生活。由于她的文章写得好，现在已经有一些名气了。

　　接下来的日子，一般都是她白天在家里写文章，我晚上工作，两人一白一黑，各忙各的。我让她晚上写作，她摇头："晚上干活儿，安静倒安静，但对身体不好，我可不想为了挣钱影响了健康。"她希望我白天回来多工作一会儿，晚上少熬夜。我说习惯了，她说习惯是可以改的，我嘴上说"恐怕很难"，但实际上此后却真的很少熬夜了。

　　她的生活能力马马虎虎，她做的菜没有我做的好吃。她经常吃着我做的菜，不停地夸我做得好吃。没办法，我只好经常忘记工作的疲惫（píbèi），在她的赞美声中，为她做各种好吃的菜。

　　不过，她的交际能力却是很强的，她帮我推荐了两个客户，谈成了两个很大的广告，让我和我的老板赚了一大笔钱。那天，我要请她出去吃饭，她笑着说："别跟我客气了，你多攒（zǎn）点儿钱，准备娶（qǔ）老婆吧。"

　　同租一套房子，虽然彼此（bǐcǐ）都很欣赏对方，但我们的同租关系没有改变，我们更像一对单身的兄妹，共同珍视（zhēnshì）着这一段难得的缘分。

1. 用所给词语完成语段：

（1）因为现在房租_____（不得了），自己租一套房子承受不起，我只好跟一个女孩儿合租了一套房子。我们住在_____（属于）的房间里，各忙各的。

(2) 她是小有名气的作家，_____ (固定)，我是干广告的，_____ (~上)，我们的习惯不同。她喜欢白天写作，我跟她相反，喜欢晚上工作。她说晚上熬夜对身体不好，让我改了这个习惯，后来我_____ (倒)，很少熬夜了。

(3) 她_____ (具有)，我_____ (具有)，我们互相帮助，彼此欣赏，过得很快乐。

2. 用所给词语复述上文：

    固定 　一阵 　~上 　倒

3. 选择下列语句完成语段：

    ① 我们有一些不同
    ② 我的工资不高
    ③ 日子过得很快乐
    ④ 我喜欢她乐观的性格
    ⑤ 我很顺利地找到了一个同租的女孩儿
    ⑥ 我来到北京打工
    ⑦ 自己租不起一套房子
    ⑧ 她欣赏我的生活能力
    ⑨ 我决定与人合租
    ⑩ 我们都觉得那段像兄妹一样的单身缘分很难忘

    几年前，_____，刚工作的时候，_____，_____，于是_____，_____。生活习惯上，_____，但是_____。_____，_____，_____。

## 第三部分　表达训练

六、听后说：　录音21

    生词：精彩　　jīngcǎi　　　　wonderful
    　　　负担　　fùdān　　　　　burden

    我的单身生活经历是这样的：开始的时候，……；后来……；再后来……；最近……。

### 七、自由表达：

（1）你认为单身有哪些利弊？

（2）举例说说大龄单身贵族的生活。

### 八、看图说话：

提示词　起码　属于　其他　否则

① ②

看见妙龄女郎就忘了自己已经结婚了！

③ ④

# 32 单亲俱乐部

你知道去"单亲俱乐部"可以做什么吗？

 **课 文** 录音23

现代社会，由于离婚、家庭成员病故或意外死亡等现象的增多，单亲家庭也随着增加。单亲母亲或父亲面临经济和精神的双重压力，需要社会更多的关爱和帮助。

离异者常会有失败感，有人甚至对生活失去了信心。为了帮助那些离异的单亲家庭走出困境，恢复自信，近年来，在中国的很多地方都出现了一些由社区、妇联参与组织的单亲俱乐部。主办者为成员们提供心理咨询，包括怎样适应离异后的单亲生活，怎样独自教育单亲家庭的儿女，怎样调整好成为单亲后的心态，怎样在心理上做好再婚的准备，等等。

大部分单亲家庭的成员都认为，参加单亲俱乐部的确有好处。走出阴影，走进阳

**生词** 录音22

1 单亲 dānqīn（形）single parent
2 俱乐部 jùlèbù（名）club
3 成员 chéngyuán（名）member
4 病故 bìnggù（动）
　　die of an illness
5 意外 yìwài（形、名）
　　unexpected; mishap
6 现象 xiànxiàng（名）
　　phenomenon
7 增多 zēngduō（动）
　　grow in number or quantity
8 面临 miànlín（动）be faced with
9 双重 shuāngchóng（形）double
10 关爱 guān'ài（动）love and care
11 离异 líyì（动）separate; divorce
12 感 gǎn（名）sense; feeling
13 甚至 shènzhì（连）even
14 失去 shīqù（动）lose
15 困境 kùnjìng（名）dilemma
16 恢复 huīfù（动）resume; recover
17 社区 shèqū（名）community
18 妇联 fùlián（名）
　　the Women's Federation
19 参与 cānyù（动）participate in
20 主办 zhǔbàn（动）sponsor; hold
21 包括 bāokuò（动）include
22 调整 tiáozhěng（动）adjust
23 心态 xīntài（名）state of mind

光，是单亲俱乐部成员们的共同追求。

一位加入了单亲俱乐部的单亲母亲说，刚离婚时，很难适应单亲家庭的生活。遇到了烦心事，不能跟年幼的儿子叨唠，心里的话总找不到人倾诉，觉得非常苦闷。后来，她的一位朋友建议她不妨去单亲俱乐部聊聊天儿。结果她跟不少单亲母亲一聊才发现，原来自己比有的单亲母亲幸福多了，心里一下子就平衡了。她说，多亏这个单亲俱乐部，否则，她真不知道该怎么生活下去。

39 岁的陈先生离婚六年了。为了不让孩子受委屈，他放弃了成立新家的念头，与女儿一起生活着，以致本来就很内向的他变得越来越沉默寡言。一个偶然的机会，他参加了俱乐部的活动。从此，陈先生开朗多了，观念也渐渐地发生了变化。他认识到这样的单亲生活对女儿的成长来说，未必不会带来负面的影响。现在他开始有了再婚的想法。

专家认为，以前一些类似的机构主要是为想再婚的人介绍对象，但是单亲俱乐部的重要活动内容是聊天儿、互相倾诉、向心理

24 再婚 zàihūn（动）remarry
25 的确 díquè（副）really; indeed
26 阴影 yīnyǐng（名）
   shadow; shade
27 阳光 yángguāng（名）sunlight
28 共同 gòngtóng（形、副）
   common; work together
29 追求 zhuīqiú（动）seek; pursue
30 加入 jiārù（动）join; participate
31 烦心 fánxīn（形）
   annoying; weary
32 年幼 niányòu（形）
   young; juvenile
33 倾诉 qīngsù （动）confide; pour
   out (one's heart)
34 苦闷 kǔmèn（形）depressed
35 平衡 pínghéng（形）
   balanced; equilibrious
36 多亏 duōkuī（动）
   thanks to; owing to
37 委屈 wěiqu（动）
   nurse a grievance
38 念头 niàntou（名）idea; intention
39 以致 yǐzhì（连）
   so that; as a result
40 内向 nèixiàng（形）introverted
41 沉默 chénmò（形）reticent
42 寡言 guǎyán（形）taciturn
43 偶然 ǒurán（形、副）
   accidental; by chance
44 开朗 kāilǎng（形）optimistic
45 渐渐 jiànjiàn（副）gradually
46 成长 chéngzhǎng（动）grow up
47 未必 wèibì（副）may not; not sure
48 负面 fùmiàn（形）negative
49 类似 lèisì（形）similar
50 机构 jīgòu（名）
   institution; organization
51 对象 duìxiàng（名）
   prospective marriage partner
52 内容 nèiróng（名）content

专家咨询等，它更多地关注成员们精神上的
需求，并对他们进行心理上的抚慰，所以，
单亲者更愿意参加这样的俱乐部。

53 关注 guānzhù（动）
　　pay close attention to
54 抚慰 fǔwèi（动）comfort; console

---

想一想　说一说　在你们国家有没有"单亲俱乐部"？你对中国的"单亲俱乐
部"怎么看？

## 词语扩展

**1** | 面临 | 面临很大的压力　面临着很多问题　面临困难 |

① 单亲母亲或父亲面临经济和精神的双重压力，……
② 他们公司今年的业绩很不好，很多人都面临着失业的危险。
③ 现在我们面临的主要问题就是激烈的市场竞争。
④ 虽然我们面临着很多困难，但是只要我们共同努力，就一定能完成任务。

**2** | 包括 | 包括你和我　包括教师和学生 |

① 主办者为成员们提供心理咨询，包括怎样适应离异后的单亲生活，……
② 我们学校一共有八千多人，包括教师、学生和其他人员。
③ 他请了很多人去参加他的生日晚会，包括你和我。
④ 我们现在有四门课，其中包括听说课和读写课。

**3** | 共同 | 共同的追求　共同的事业　共同承担　共同负责 |

① 走出阴影，走进阳光，是单亲俱乐部成员们的共同追求。
② 尽力去帮助那些贫穷（pínqióng　poor）的人们是我们俩的共同事业。
③ 照顾父母的任务由几个子女共同来承担。
④ 经理让老王和小张共同负责这个工作。

**4**　偶然　偶然的机会　偶然的现象　很偶然

① 一个偶然的机会，他参加了俱乐部的活动。

② 在这个地方发生交通拥堵可不是一种偶然的现象。

③ 他能取得这么好的成绩，不是偶然的。

④ 她的这个秘密（mìmì　secret）是被马丁偶然发现的。

**5**　渐渐　渐渐地发生了变化　渐渐地停了下来

① 从此，陈先生开朗多了，观念也渐渐地发生了变化。

② 外边的雨渐渐地停了下来。

③ 孩子刚才哭了半天，可能是哭累了，现在渐渐地安静了下来。

④ 天气渐渐地暖和了起来。

**6**　类似　类似的机构　类似的情况　有些类似

① 专家认为，以前一些类似的机构主要是为想再婚的人介绍对象，……

② 下次你可要小心啊，以免类似的情况再发生。

③ 这家饭馆服务员的态度不太好，类似的现象其他饭馆也有。

④ 这本小说的内容跟我上个月看的那本有些类似。

语言点注释

> 1. 连词"甚至"
> 2. 副词"的确"
> 3. 动词"多亏"
> 4. 连词"以致"
> 5. 副词"未必"

**1** 连词 "甚至"　The conjunction "甚至"

连词 "甚至" 用来强调突出的事例，有更进一层的意思。后面常有 "都" "也" 等词。例如：

The conjunction "甚至" can be used to emphasize or give prominence to something, indicating a further meaning. It is often followed by words like "都" and "也", eg:

这块石头太大了，甚至连他也搬不动。

① 离异者常会有失败感，有人甚至对生活失去了信心。

② 他成天玩儿网络游戏，甚至有时连饭都忘了吃。

③ 她离异以后，有一段时间特别苦闷，甚至对生活失去了信心。

④ 这篇课文安妮已经读得很流利了，甚至能背下来。

⑤ 参加这次马拉松（Mǎlāsōng　Marathon）比赛的人很多，甚至不少老年人也积极参与。

**2** 副词 "的确"　The adverb "的确"

副词 "的确" 表示完全确实，十分肯定。例如：

The adverb "的确" means "absolutely, truly and indeed", eg:

① 大部分单亲家庭的成员都认为，参加单亲俱乐部的确有好处。

② 这个电影的确很好看，我都看了两遍了，还想看。

③ 他昨天的确来找过你，我看见了。

④ 这次考试的确很难，连学习最好的安妮都考得不太好。

⑤ 小王的工作能力的确很强，让他来做部门经理肯定没问题。

③ 动词"多亏"    The verb "多亏"

动词"多亏"表示由于别人的帮助，避免了不如意的事情，含有感谢或庆幸的意思。例如：

The verb "多亏" means "having avoided unfortunate things due to others' help", implying one's gratitude or relief, eg:

多亏她经常浇水，这盆花才会长得这么好。

① 她说，<u>多亏</u>这个单亲俱乐部，否则，她真不知道该怎么生活下去。

② 多亏我们带了地图，否则就得迷路（mí lù  lose one's way）。

③ 多亏他拉了我一下，要不我就摔倒了。

④ 这件事多亏了你的帮助，真不知道怎么感谢你才好。

⑤ 我能找到这么好的工作，多亏了你。

④ 连词"以致"    The conjunction "以致"

连词"以致"一般用在后一小句的开头，表示由于上述原因而造成的结果，大多是不好的或者说话人不希望的结果。例如：

The conjunction "以致" usually appears at the beginning of a subsequent clause to indicate a result, often an unpleasant one, caused by the reason stated in the preceding clause, eg:

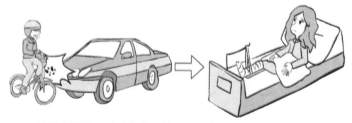

她被车撞了，以致在床上躺了一个多月。

① ……他放弃了成立新家的念头，独自与女儿生活着，<u>以致</u>本来就很内向的他变得越来越沉默寡言。

② 马丁失恋了，这一段时间非常苦闷，以致他大病了一场。

③ 小明一有时间就去网吧上网，以致耽误了学习。

④ 有的人不遵守交通规则，以致造成了交通拥堵的现象。

⑤ 今天考试的时候我特别紧张，以致这么简单的汉字都不会写了。

**5** **副词"未必"** **The adverb "未必"**

"未必"，副词。表示"不一定"的意思。例如：

"未必" is an adverb, meaning "not necessarily", eg:

① 他认识到这样的单亲生活对女儿的成长来说，<u>未必</u>不会带来负面的影响。

② 像你这样只吃蔬菜，不吃肉，未必能减肥。

③ 我觉得他的话未必没有道理。

④ 你还是等一会儿再去找他吧，他现在未必能起床。

⑤ 暂时的分别（fēnbié leave each other）对我俩来说未必是件坏事。

## 练 习

**第一部分 词语练习**

一、选词填空：

1. 面临 甚至 包括 的确 共同 多亏

（1）昨天他们＿＿＿＿＿＿有事，下次再参加吧，还有机会。

（2）硕士毕业年龄就不小了，要＿＿＿＿＿＿就业和结婚等问题。

（3）网络给我们的生活带来了许多便利，＿＿＿＿＿＿网上交友、网上娱乐、网上购物、网络创业等。

(4) 大学毕业后，他变化很大，我＿＿＿＿＿＿认不出他了。

(5) 我们有很多＿＿＿＿＿＿的爱好，因此能合作这么长时间，而且合作得很好。

(6) 在我遇到困难时，＿＿＿＿＿＿那把二胡，让我认识、结交了那么多朋友。

(7) 目前中国社会发展＿＿＿＿＿＿几个重要问题，＿＿＿＿＿＿就业、养老、教育等。

(8) 那一阵雨下得真大，＿＿＿＿＿＿你带伞了，否则我们就被淋湿了。

(9) 老李性格＿＿＿＿＿＿内向，遇到那么大的困难谁都不告诉。

(10) 保护 (bǎohù) 环境需要大家＿＿＿＿＿＿努力。

(11) 这次考试同学们发挥得很好，有的同学＿＿＿＿＿＿一个错都没出，全对了。


2. 以致　偶然　渐渐　未必　类似

(1) 这种减肥药很有效，我是＿＿＿＿＿＿在电视上看到的。

(2) 他刚回来，＿＿＿＿＿＿知道最近发生的事。

(3) 刚离婚的那几年，他对婚姻失去了信心，＿＿＿＿＿＿产生了再也不结婚的念头。

(4) 看到"丁克"们生活得那么自由，丈夫和我也有了＿＿＿＿＿＿的想法。

(5) 孩子们一个一个都长大了，我们也＿＿＿＿＿＿变老了。

(6) 他经常骗人，＿＿＿＿＿＿后来没有一个人相信他说的话。

(7) 老李参加了几次单身俱乐部的活动以后，性格变开朗了，＿＿＿＿＿＿地他有了再婚的想法。

(8) 一个＿＿＿＿＿＿的机会，马丁认识了一位中医大夫，从此他对中医产生了兴趣。

(9) 孩子成长的时候遇到一些困难和挫折＿＿＿＿＿＿不是一件好事。

(10) 很多地方都成立了＿＿＿＿＿＿单身俱乐部的机构，为单亲父母提供各种帮助。


二、用所给词语完成句子或对话：

(1) 他学了三个月汉语，不会说一句，＿＿＿＿＿＿＿＿＿＿＿＿＿＿＿＿＿。（甚至）

(2) 他花钱从来不节约，有时＿＿＿＿＿＿＿＿＿＿＿＿＿＿＿＿。（甚至）

(3) 驴的主人＿＿＿＿＿＿＿＿＿＿＿＿＿＿，不值得救了。（的确）

(4) 他得了病没有马上治疗，＿＿＿＿＿＿＿＿＿＿＿＿＿＿＿。（以致）

(5) 这个学生经常迟到或者不来上课，＿＿＿＿＿＿＿＿＿＿＿＿＿。（以致）

(6) 这个地方的人多数不会说英语，＿＿＿＿＿＿＿＿＿＿＿，才没有遇到麻烦。（多亏）

(7) 他辞职了，家人都很担心，但是我＿＿＿＿＿＿＿＿＿＿＿＿＿。（未必）

(8) 感情是很复杂的，两个人有爱情，＿＿＿＿＿＿＿＿＿＿＿＿。（未必）

(9) A：你们怎么想到做"丁克"的？

　　B：_____。（的确）

(10) A：你是怎么从一个乞丐变成企业家的？

　　B：_____，使我下决心自食其力。（多亏）

## 三、选择恰当的词语填空：

(1) 成立单亲俱乐部是为了帮助单亲父母们走出_____，恢复信心。（困难　困境）

(2) 这个自行车队的成员们克服了很多可怕的_____，最后安全到达了西藏(Xīzàng)。（困难　困境）

(3) 生活中不管遇到什么困难，都要_____好心态，保持好心情。（调节　调整）

(4) 单身者的生活容易变得无聊无趣，你要学会_____自己的生活。（调节　调整）

(5) 妹妹失恋了，心情很不好，我去_____她一下儿。（安慰　抚慰）

(6) 那个地方发生了旱灾，人们缺少吃的，全国各地的人纷纷送去食物，_____灾民。

（安慰　抚慰）

(7) 社会应该更多地_____离异家庭的孩子。（关注　关爱）

(8) 单亲俱乐部不仅仅为单亲父母介绍再婚对象，而且更多地_____他们的精神需求。

（关注　关爱）

## 第二部分　综合练习

## 四、根据课文内容，完成相应的练习：

1. 模仿下列各句造句：

(1) 由于离婚、家庭成员病故或意外死亡等现象的增多，单亲家庭也随着增加。

由于社会、经济等的发展，生活水平也随着提高。

(2) 她遇到了烦心事，不能跟年幼的儿子唠叨，心里的话总找不到人倾诉，觉得

非常苦闷。

儿女们遇到了困难，不愿跟父母说，总找不到人说，觉得压力很大。

(3) 她跟不少单亲母亲一聊才发现，原来自己比有的单亲母亲幸福多了，心里一下子就平衡了。

妻子找人一问才知道，原来丈夫失业已经好几个月了，心里一下子就失望了。

(4) 这个俱乐部更多地关注成员们精神上的需求，并对他们进行心理上的抚慰。

这次旅行更多地关注当地的文化，并对当地的文化现象进行调查研究。

2. 用指定词语回答问题：

(1) 为什么成立单亲俱乐部？　（面临　甚至）

(2) 单亲俱乐部为单亲父母们提供哪些帮助？　（包括）

(3) 单亲俱乐部为那位单亲母亲解决了什么问题？　（苦闷　多亏）

(4) 加入单亲俱乐部后，陈先生有什么变化？　（以致　渐渐）

(5) 单亲俱乐部与以前类似的机构有什么不同？　（关注）

3. 简写或简述单亲母亲和单亲父亲的生活：

以致　多亏　未必　偶然

我是一位单身母亲，我＿＿＿＿＿＿＿＿＿＿＿＿＿＿＿＿

＿＿＿＿＿＿＿＿＿＿＿＿＿＿＿＿＿＿＿＿＿＿＿＿＿＿＿＿

＿＿＿＿＿＿＿＿＿＿＿＿＿＿＿＿＿＿＿＿＿＿＿＿＿＿＿＿

作为一位单身父亲，我＿＿＿＿＿＿＿＿＿＿＿＿＿＿＿＿

＿＿＿＿＿＿＿＿＿＿＿＿＿＿＿＿＿＿＿＿＿＿＿＿＿＿＿＿

＿＿＿＿＿＿＿＿＿＿＿＿＿＿＿＿＿＿＿＿＿＿＿＿＿＿＿＿

## 五、阅读下面的短文，完成相应的练习

两年前，我的妻子得了重病永远离开了我和两个双胞胎（shuāngbāotāi）女儿，从此我要独自养育两个不到八岁的女儿。

一个很少做家务事的男人，突然又要当爸爸，又要当妈妈，遇到了很多想不到的困难。每天上班下班，做饭洗衣服，学习辅导，心理安慰……简直有做不完的事。就说做饭吧，以前我连菜都没买过，更别提做饭了。我父母看到我忙得团团转，劝我再找一个妻子，我说还没做好心理准备，再说，我哪有时间谈恋爱啊？他们还让我把女儿送到他们家，帮我照顾孩子。我想父母年纪大了，身体又不好，实在舍不得麻烦他们。就这样，我自己一点儿一点儿地学，总算在痛苦中学会了做饭。

学会做饭只是做妈妈的一个部分，做一个称职（chèn zhí）的妈妈还要学会做很多其他的事，比如收拾房间、与孩子们相处（xiāngchǔ）等等。我上班去了，孩子放学早，家里就是她们的天下。别人家都是独生子女，而我是一对双胞胎。两个孩子一定比一个孩子要顽皮得多。每次回家一看，家里都是乱七八糟的，地上、床上、桌子上到处都是她们的东西，都没法走路了。我是一个很不善于整理的人，只能随便收拾一下算了。

有一次我心情不好，批评了她们几句，她们俩委屈地哭了，我很后悔。从此，我很少训她们了。没有妈妈的孩子多么可怜，她们享受不到母爱，我要把另一种温柔（wēnróu）给她们，一种母爱与父爱的结合（jiéhé）。

这就是我的单亲生活，一个男人与两个孩子的故事。我既是爸爸又是妈妈，两个人的角色不是那么容易当的，我只能尽力负起我的责任，让她们健康成长。

1. 用所给词语完成语段：

(1) 妻子去世以后，我又当爸爸又当妈妈，生活＿＿＿＿＿＿＿＿＿＿（面临）。以前我没做过饭，＿＿＿＿＿＿＿＿＿＿（甚至），家务事对我来说＿＿＿＿＿＿＿＿＿＿（的确）。但是没办法，两个女儿还不到八岁，我必须学会这些，我学着做饭，＿＿＿＿＿＿＿＿＿＿（渐渐）。

(2) 学会做饭还不够，要当好一个妈妈，还有其他的要学，这些事＿＿＿＿＿＿＿＿＿＿（包括）。我的女儿们很顽皮，她们把东西扔得到处都是，＿＿＿＿＿＿＿＿＿＿（以致）。她们不是一次两次这样做，＿＿＿＿＿＿＿＿＿＿（类似），只要没有安全问题，我就不训她们。

(3) 没有母爱的孩子＿＿＿＿＿＿＿＿＿＿（的确），我只能尽力负起我的责任，当好爸爸和妈妈两个角色，也许这＿＿＿＿＿＿＿＿＿＿（未必）。

2. 用所给词语复述上文：

　　面临　甚至　渐渐　以致

3. 选择下列语句完成语段：

① 我决心走出困境

② 让她们健康成长

③ 学会了跟她们相处

④ 我要尽量多关爱她们

⑤ 妻子去世了

⑥ 我更多地了解了女儿们的心理

⑦ 面临着想不到的困难和压力

⑧ 孩子们缺少母爱

⑨ 开始从做饭学起

⑩ 我负起了父亲和母亲的双重责任

　　两年前，＿＿＿＿＿＿＿＿＿，＿＿＿＿＿＿＿＿＿，＿＿＿＿＿＿＿＿＿，
于是＿＿＿＿＿＿＿＿＿，＿＿＿＿＿＿＿＿＿。学会了做一些家务事之后，
＿＿＿＿＿＿＿＿＿，并＿＿＿＿＿＿＿＿＿。我认识到＿＿＿＿＿＿＿＿＿，
＿＿＿＿＿＿＿＿＿，＿＿＿＿＿＿＿＿＿。

# 第三部分　表达训练

六、听后说：🔘录音24

　　生词：粉笔　　　　　fěnbǐ　　　　　chalk

（一）王明搬新家了，……

（二）大学里有一间教室的钟有点儿问题，……

七、自由表达：

（1）你认为单亲父母应该怎样调整心态？

（2）你认为单亲家庭在教育孩子的问题上会面临哪些困境？应该怎样走出困境？

八、看图说话：

婚姻四忌（jì）

A. 防着对方

B. 管着对方

C. 拴着对方

D. 盯着对方

# 第 八 单元知识小典

## "四二一"家庭

　　"四二一"式家庭是中国20世纪80年代以来形成的家庭成员结构形式。"四"指的是家庭中爷爷、奶奶、姥姥、姥爷四位祖辈（zǔbèi）人，"二"是父母二人，"一"是独生子女。

中国在1978年开始实行计划生育政策（zhèngcè），提倡（tíchàng）一个家庭只生一个孩子，这样独生子女们就可以充分享受（xiǎngshòu）到来自祖辈和父母共六个人的关爱，这也成为很多中国家庭特有的结构形式。

　　在"四二一"家庭中，如果四位老人都身体健康，他们总是希望多给孙子（孙女）一些爱。小两口常常为由谁照顾孩子、到谁家过年、吃饭等家庭琐事为难，有的甚至产生了矛盾（máodùn）。为了解决这些问题，他们就想出了"轮班"的主意，即孩子由爷爷、奶奶和姥爷、姥姥轮着照看，周末轮着去双方的父母家吃饭，春节轮着回双方的父母家过年等。

# 第九单元　中国民俗

# 33 奥运会吉祥物

关于奥运会，你都了解些什么？

## 课文  录音26

在奥运会的历史上，吉祥物第一次出现是在 1972 年慕尼黑奥运会上。此后吉祥物就成为构成每一届奥运会形象特征的主要成分。吉祥物以其富有活力、深受人们喜爱的独特形象，体现着奥林匹克精神，传达着当届奥运会的举办理念和主办城市的历史文化、人文精神。它是营造奥运会的节日氛围、推广奥林匹克精神的重要载体。

在吉祥物的艺术形式上，1992 年巴塞罗那奥运会以前，奥运会吉祥物大多以举办国有特色的动物形象作为创作原型，一般是一个物种。1992 年后，奥运会的吉祥物出现了人物，或者是完全虚拟的形体，数量也有变

## 生词 录音25

1 此后 cǐhòu（名）after that
2 构成 gòuchéng（动、名）compose; composition
3 届 jiè（量）session (of a conference); year (of graduation)
4 特征 tèzhēng（名）characteristic; feature
5 成分 chéngfen（名）component; ingredient
6 以 yǐ（介）because of; for; by
7 其 qí（代）his; her; its; their
8 活力 huólì（名）vigour; vitality
9 体现 tǐxiàn（动）reflect; give expression to
10 当 dàng（介）be at that very (day, moment etc.)
11 理念 lǐniàn（名）idea
12 人文 rénwén（名）humanity
13 营造 yíngzào（动）create
14 氛围 fēnwéi（名）atmosphere
15 推广 tuīguǎng（动）popularize; promote
16 载体 zàitǐ（名）carrier
17 创作 chuàngzuò（动）create; produce

化。1998 年长野冬奥会吉祥物有四种，2000 年悉尼奥运会吉祥物有三种，2004 年雅典奥运会有两种。

2008 年北京第 29 届奥运会吉祥物有五种，统称为"福娃"。它的色彩与灵感来源于奥林匹克五环，来源于中国辽阔的山川大地、江河湖海和人们喜爱的动物形象。福娃向世界各地的人们传递友谊、和平、积极进取的精神和人与自然和谐相处的美好愿望。

北京奥运会吉祥物的每个福娃都有一个可爱的名字："贝贝""晶晶""欢欢""迎迎"和"妮妮"。把五个娃娃的名字放在一起读出来，意思就是"北京欢迎你"，这表达了北京对世界人民的盛情邀请。福娃代表着繁荣、欢乐、激情、健康与好运的美好愿望。它们是五个亲密的小伙伴，它们的造型融入了鱼、大熊猫、藏羚羊、燕子以及奥林匹克圣火的形象，具有中国传统艺术的风格。

贝贝传递的祝福是繁荣。在中国传统文

18 原型 yuánxíng（名）prototype
19 物种 wùzhǒng（名）species
20 人物 rénwù（名）figure; character
21 完全 wánquán（副）completely; wholly
22 虚拟 xūnǐ（形）invented; fictitious
23 形体 xíngtǐ（名）shape; form
24 统称 tǒngchēng（动、名）be called by a joint name; general term
25 为 wéi（动）take as
26 色彩 sècǎi（名）colour
27 灵感 línggǎn（名）inspiration
28 来源 láiyuán（动、名）originate; origin
29 于 yú（介）from
30 辽阔 liáokuò（形）vast; extensive
31 山川 shānchuān（名）mountains and rivers
32 传递 chuándì（动）transmit; deliver
33 友谊 yǒuyì（名）friendship
34 和平 hépíng（名）peace
35 进取 jìnqǔ（动）be enterprising
36 相处 xiāngchǔ（动）get along with
37 美好 měihǎo（形）fine; good
38 盛情 shèngqíng（名）kind hospitality
39 代表 dàibiǎo（动）represent; stand for
40 繁荣 fánróng（形）prosperous; booming
41 激情 jīqíng（名）passion; enthusiasm
42 伙伴 huǒbàn（名）partner; companion
43 造型 zàoxíng（名）modelling

化艺术中，"鱼"和"水"的图案是繁荣与收获的象征。

晶晶是一只憨厚的大熊猫，无论走到哪里都会带给人们欢乐。作为中国的国宝，大熊猫深受世界人民的喜爱。

欢欢是一个火娃，象征奥林匹克圣火。它将激情带给人们，传递"更快、更高、更强"的奥林匹克精神。

迎迎是一只机敏、灵活的藏羚羊，它来自中国辽阔的西部大地，将健康的美好祝福传向世界。

妮妮来自天空，是一只展翅飞翔的燕子，它的形象灵感来自北京传统的沙燕风筝。妮妮把春天和喜悦带给人们，播撒"祝您好运"的美好祝福。

44 融入 róngrù（动）integrate
45 熊猫 xióngmāo（名）panda
46 藏羚羊 zànglíngyáng（名）
　　Tibetan antelope
47 燕子 yànzi（名）swallow
48 以及 yǐjí（连）as well as
49 圣火 shènghuǒ（名）
　　the (Olympic) Flame
50 风格 fēnggé（名）style
51 祝福 zhùfú（动）wish
52 图案 tú'àn（名）pattern; design
53 憨厚 hānhòu（形）
　　frank and honest
54 国宝 guóbǎo（名）
　　national treasure
55 机敏 jīmǐn（形）
　　alert and resourceful
56 灵活 línghuó（形）nimble; agile
57 展翅 zhǎnchì（动）
　　spread the wings
58 飞翔 fēixiáng（动）fly; hover
59 喜悦 xǐyuè（形）
　　joyful; delightful
60 播撒 bōsǎ（动）
　　scatter; broadcast; spread

专　名
1 奥运会 Àoyùnhuì
　　the Olympic Games
2 福娃 Fúwá *Fuwa*; Friendlies
3 五环 Wǔhuán Olympic Rings

想一想　说一说　　你认为举办奥运会对一个国家、一个城市有哪些好处？

**词语扩展**

**1** 体现 ｜ 体现着奥林匹克精神　体现在很多方面　体现出来

① 吉祥物以其富有活力、深受人们喜爱的独特形象，体现着奥林匹克精神，……

② 人民生活水平的提高体现在很多方面，比如，住上了大房子，购买了私家车，出国旅游，等等。

③ 这位画家的风格在他的这幅作品中被很好地体现了出来。

④ 一座座新厂房的建成，体现着这家工厂这几年来巨大（jùdà　huge）的变化。

**2** 当 ｜ 当时　当天　当年　当届

① ……，传达着当届奥运会的举办理念和主办城市的历史文化、人文精神。

② 现在火车票挺好买的。昨天我去售票处买票，没排队，当时就买到了。

③ 老师要求学生们当天的作业当天完成。

④ 这种树当年种当年就可以结果。

**3** 创作 ｜ 创作原型　创作风格　创作出好的作品

① 奥运会吉祥物大多以举办国有特色的动物形象作为创作原型。

② 许多人在研究这位画家的创作风格。

③ 我认为，作家需要深入生活才能创作出好的作品。

④ 这届奥运会的开幕式（kāimùshì　opening ceremony）是由他们几个人共同设计的。

**4** 完全 ｜ 完全同意　完全好了　完全虚拟的形体

① 1992 年后，奥运会的吉祥物出现了人物，或者是完全虚拟的形体，数量也有变化。

② 我们大家完全同意你提出来的看法。

③ 马克的病已经完全好了，他早就出院了。

④ 这道题他完全回答错了。

**5** 美好 美好的愿望 美好的生活 美好的未来 更加美好

① 福娃向世界各地的人们传递友谊、和平、积极进取的精神和人与自然和谐相处的美好愿望。

② 在婚礼上，大家都祝新郎、新娘生活美好，永远幸福。

③ 临毕业的时候，老师祝每位同学都有一个美好的未来。

④ 他希望通过他和大家的共同努力，把家乡建设（jiànshè construct）得更加美好。

**6** 代表 代表（着）美好的愿望 代表（着）不同的性格

① 福娃代表着繁荣、欢乐、激情、健康与好运的美好愿望。

② 小说中的这三个人物代表着三类不同的性格的人。

③ 我代表我们公司向各位的到来表示热烈欢迎。

④ 他刚才说的话不能代表我们大家的想法。

 语言点注释

> 1. 介词 "以"
> 2. 动词 "为"
> 3. 介词 "于"
> 4. 连词 "以及"

**1** 介词 "以" The preposition "以"

在本课中，"以" 作为介词，表示凭借的意思。用于书面语。例如：

In this lesson, "以" is a preposition and means "depend on". It is often used in written Chinese, eg:

一月 二月 三月 四月 五月 六月 七月

以七个月的销售情况看，我们公司经营得还是很不错的。

① 吉祥物以其富有活力、深受人们喜爱的独特形象，体现着奥林匹克精神，传达着当届奥运会的举办理念和主办城市的历史文化、人文精神。

② 以我对他的了解，这件事绝不会是他干的。

③ 我想以朋友的身份（shēnfèn　in the capacity of）劝你几句。

④ 以他的工作水平，他完全能够做好这项工作。

⑤ 你不要总以这种口气（kǒuqì　tone）对我说话。

**2  动词 "为"  The verb "为"**

在本课中，"为" 是动词，读做 wéi。原是古代常用词，现在多用于书面语。有 "做" "算做" "成为" 等意思。在这里，我们简单介绍一下儿它的几种主要用法。

In this lesson, "为" is a verb and pronounced as wéi. It was usually used in ancient Chinese, but it is often used in the written Chinese today. It means "do; make", "regard as; consider as" or "become". Its usages are briefly explained as follows:

(1) 做。  Do; make.

当表示 "做" 的意思时，多用于四字格中。如 "尽力而为" "事在人为" "敢作敢为"，等等。

When used in this way, it is often in a four-character phrase, such as "尽力而为", "事在人为" and "敢作敢为".

(2) 算做。例如：  Regard as; consider as, eg:

① 邻居张大爷会功夫，马克想拜他为师。

② 她被选为运动员代表，在运动会的开幕式（kāimùshì　opening ceremony）上讲话。

当"为（wéi）"表示"算做"的意思时，还常组成"以……为……"结构。例如：

In the sense of "算作", "为(wéi)" is often used in the structure "以……为……", eg:

③ 中国北方人的主食（zhǔshí stale food）以面食为主。

④ 世界上的高山很多，但以珠穆朗玛峰（Zhūmùlǎngmǎ Fēng Mount Qomolangma or Mount Everest）为世界之最。

（3）成为。例如： Become, eg:

① 2008 年北京第 29 届奥运会吉祥物有五种，统称为"福娃"。

② 这儿以前是一个大厂房，现在变为一家很有特色的博物馆。

③ 中国政府（zhèngfǔ government）在 1997 年把重庆市改为直辖市（zhíxiáshì municipality directly under the Central Government）。

**3  介词"于"  The preposition "于"**

当介词"于"用在动词后时，可表示时间、处所、来源、对象，等等。用于书面语。例如：

When following a verb, the preposition "于" can indicate time, place, source, object and so on. It is often used in written Chinese, eg:

科学家爱因斯坦生于 1879 年，死于 1955 年。

① 它的色彩与灵感来源于奥林匹克五环，来源于中国辽阔的山川大地、江河湖海和人们喜爱的动物形象。

② 中国的国宝大熊猫产于中国的西南山区。

③ 王教授 1958 年毕业于北京大学中文系。

④ 文学创作要来源于生活，但要高于生活。

⑤ 经常锻炼身体，有利（yǒulì beneficial）于健康。

**4** 连词"以及"　*The conjunction "以及"*

连词"以及"表示联合的关系，连接并列的词、短语或小句。多用于书面语。例如：

*The conjunction "以及" indicates the combined relationship. It is used to connect the paralleled words, phrases and clauses. It is often used in written Chinese, eg:*

① ……他们的造型融入了鱼、大熊猫、藏羚羊、燕子以及奥林匹克圣火的形象，……

② 本店销售摩托车、电动自行车以及各种零配件（língpèijiàn　spare parts）。

③ 会上，老张、小王以及另外两位同事先后讲了话。

④ 昨天我给我父母写了一封长信，信中谈到了我的学习情况、师生关系以及我将来的打算。

⑤ 问题是如何产生的以及最后该如何解决，都需要作调查研究。

# 练习

## 第一部分　词语练习

一、选词填空：

> 以　体现　当　创作　完全　为　于　美好　代表　以及

(1) 那个地方离家不远，去那儿旅行＿＿＿＿天就能回来。

(2) 四年的大学生活给我留下了＿＿＿＿的回忆。

(3) 大熊猫＿＿＿＿其憨厚、可爱的形象深受世界人民的喜爱。

(4) 这些人＿＿＿＿我们学校参加大学生运动会。

(5) 这位作家在短短几年的时间里＿＿＿＿出了不少给人留下深刻印象的作品。

(6) "更快、更高、更强"是奥林匹克运动不断进取精神的＿＿＿＿。

(7) 凤凰救了很多鸟儿，鸟儿们很感谢它，选它＿＿＿＿鸟王。

(8) 这位大企业家出生_____一个普通的家庭。

(9) 对于那段痛苦的生活，他_____不想再提了。

(10) 汉语中有"红娘""红火""红人"_____"红包"等很多跟"红"有关的词语。

(11) 四川菜_____麻（má numb）、辣闻名全国。

(12) 那位单亲妈妈参加了单亲俱乐部，很快就认识了一个合适的单亲爸爸，他们_____年就结婚了。

(13) 虽然他的电影不是很有名，但是很多人都很欣赏他的_____风格。

(14) 你知道电话发明_____哪一年吗？

(15) 她说要是自己有了孩子，就一定要给孩子提供最好的生活条件，这个愿望是很_____的。

(16) 由于他拳术高明，大家都称他_____陈师傅。

(17) 目前在中国，养老、就业、独生子女的教育_____家庭关系的变化等成为重要的社会问题。

(18) 刚出国的时候，我感觉自己来到了一个_____陌生的地方。

(19) 下个月总公司要开一个有关销售的会议，各分公司派三个_____来参加。

(20) 这位出租车司机一直照顾那位没有儿女的老人，_____了中国人善良、孝顺的传统。

## 二、用所给词语组成完整的句子：

(1) 以 世界 孔子 教育思想 他的 闻名

(2) 统称为 我们 小球 乒乓球 羽毛球 网球 把

(3) 来源于 鱼和水的 创作原型 贝贝的 中国传统的 图案

(4) 体现 造型 主办国的 着 文化 吉祥物的

(5) 完全 妮妮的 来自 灵感 天空 形象

(6) 创作 几个人 这幅 是……的 中国画 共同 出来的 有名的

## 三、用所给词语完成句子或对话：

(1) 这个超市的东西很便宜，来这儿买东西的人很多，_____。（以……吸引）

(2) 网络购物＿＿＿＿＿＿＿＿＿。（以……受到……）

(3) 成立单亲俱乐部＿＿＿＿＿＿＿＿＿。（体现）

(4) 尽管这个公司经营得不太好，但是他们对职工很好，按时＿＿＿＿＿＿＿＿＿。（当月）

(5) 经过三年的努力，他＿＿＿＿＿＿＿＿＿。（创作）

(6) 几年不见，我＿＿＿＿＿＿＿＿＿。（完全）

(7) 这种病开始的时候跟感冒差不多，＿＿＿＿＿＿＿＿＿。（表现为）

(8) 明天是周三，不少人不能参加聚会，＿＿＿＿＿＿＿＿＿。（改为）

(9) 这家公司＿＿＿＿＿＿＿＿＿，刚成立时只有十多个人。（成立于）

(10) ＿＿＿＿＿＿＿＿＿，农村单身的人很少。（流行于）

(11) 每个人都希望＿＿＿＿＿＿＿＿＿。（美好）

(12) 我们的想法跟他的大体上相同，也就是说，＿＿＿＿＿＿＿＿＿。（代表）

(13) A：你认为他们提的建议怎么样？

　　 B：＿＿＿＿＿＿＿＿＿，那样做很危险。（完全）


# 第 二 部分　综合练习 ......................................


四、根据课文内容，完成相应的练习：

1. 用所给词语完成下列语段：

(1) 奥运会吉祥物＿＿＿＿＿＿＿＿＿＿（以）深受人们喜爱。1972 年，第一个奥运会吉
　　 祥物＿＿＿＿＿＿＿＿＿（出现于）。

(2) 奥运会吉祥物有的是动物形象，有的是人物形象，还有的是＿＿＿＿＿＿＿＿（完全）。

(3) 2008 年北京奥运会的吉祥物有五个，我们＿＿＿＿＿＿＿＿＿（统称为），它们分别
　　 ＿＿＿＿＿＿＿＿＿（代表　美好）。

(4) 福娃的造型具有中国传统艺术的风格，创作灵感＿＿＿＿＿＿＿＿＿＿＿＿＿＿＿。

　　　　　　　　　　　　　　　　　　　　　　　　　　　　　　　　　（来源于　以及）


2. 把课文内容改写成对话：

(1) 关于奥运会吉祥物

　　 林月：＿＿＿＿＿＿＿＿＿＿＿＿＿＿＿＿＿＿？（创作原型）

　　 安妮：1992 年以前，吉祥物的创作灵感来源于一个物种，＿＿＿＿＿＿＿＿＿＿。（变化）

　　 林月：＿＿＿＿＿＿＿＿＿＿＿＿＿＿＿＿＿＿＿？（特征）

安妮：我觉得很多吉祥物都很有活力，_____。（体现）

林月：吉祥物有哪些作用？

安妮：_____。（传达　营造）

(2) 关于北京奥运会吉祥物

林月：2008 年北京奥运会吉祥物是五个福娃，你知道为什么要选五个福娃吗？

安妮：_____，_____。（读　传达）

林月：是，很独特的创作灵感。

安妮：_____？（来源于）

林月：中国的山川大地、江河湖海_____。（以及）

安妮：你最喜欢哪个福娃？

林月：说不上最喜欢哪个，我觉得都很好，它们都_____。（传递）

安妮：对，它们_____。（盛情）

**五、阅读下面的短文，完成相应的练习：**

　　2008 年北京奥运会吸引了中国各地甚至世界各国的人们来观看比赛，但是未必每个人都有机会到现场看比赛。中国的中小学生们是幸运的，他们中的很多人有机会看到了各类比赛。因为奥运门票中有一部分门票是专门销售给中小学生的。这类门票票价只有五元或十元人民币，约占全部奥运门票的 14%，这类门票叫做教育门票。所谓教育门票，就是以较低的价格，为全国各地的中小学生提供集体观看奥运体育比赛的门票。这也正是中国政府 (zhèngfǔ) 申奥 (shēn'ào) 时的承诺 (chéngnuò) 之一。

　　这是承诺，更是责任。2005 年，经过多年准备，北京奥组委与中国教育部共同制定 (zhìdìng) 并启动 (qǐdòng) 了"北京 2008 中小学生奥林匹克教育计划"。此后的三年中，一本本包含奥林匹克运动重要内容的课本走进了中小学课堂，4 亿中国青少年从不同方面接受了奥林匹克教育，参与了奥林匹克运动，传播了奥林匹克精神。观赛前，老师带领他们重新学习重要的奥运知识，比如奥运福娃、奥运会歌、观赛礼仪 (lǐyí) 等等；在观赛过程中，他们亲身感受到了奥运氛围，"更快、更高、更强"和"重在参与"的奥林匹克理念深深地融入到了他们年轻的心中。奥林匹克精神和理念，像一粒粒种子，播撒在中国青少年的心里。他们更多地理解了奥林匹克运动的精神，也更加热爱奥林匹克运动。

1. 用指定词语回答问题：

　　(1) 为什么说中小学生们很幸运？（观看　美好）


　　(2) 什么是教育门票？（称为）


　　(3)"北京2008中小学生奥林匹克教育计划"是什么时候制定的？这个计划是怎样实现的？（于　以及）


　　(4) 教育门票只是一个承诺吗？为什么？（代表）


2. 用所给词语简写上文：

　　课本　现场　教育　通过　完全

　　2005年，中国启动了"北京2008中小学生奥林匹克教育计划"，目的是通过_____

_____

_____

_____

## 六、综合填空：

　　直到　　当　　偷偷　　因为　　包括　　缘分　　留心
　　带领　　独自　　时　　其他

### 旅行中的爱情

　　这一天，平安旅行社组织的海南旅行团出发了。这个旅行团_____二十多个人，他们在导游的_____下，_____天到达了海南三亚市。这个团的_____人都是一家人来的，只有两个人是_____来的，他们是男的王海和女的李芳。

　　这两个人_____都是单身，自然会多_____对方。

　　这天晚上，旅游团回到了饭店，在餐厅吃饭_____，王海_____给李芳发了一条短信：去听海。

　　那天晚上在海边，他们聊了好长时间。王海告诉李芳，自己一直没有找到合适的女朋友，_____这次遇到李芳，他才感到_____来了。

## 第三部分 表达训练

七、听后写： 🎧 录音27

生词： 倒计时　　　dàojìshí　　　　countdown

主打歌　　　zhǔdǎ gē　　　hit song

传唱　　　chuánchàng　　　(of songs, etc.) be circulated and sung

版本　　　bǎnběn　　　version

成本　　　chéngběn　　　cost

合唱　　　héchàng　　　chorus

（一）离 2008 年北京奥运会开幕式 100 天当天，歌曲《北京欢迎你》_____

_____

（二）《北京欢迎你》是最受欢迎的一首奥运歌曲，它不仅_____

_____

（三）奥运会结束后，《北京欢迎你》这首歌曲_____

_____

八、自由表达：

(1) 哪届奥运会给你留下了深刻的印象？为什么？

(2) 你认为举办奥运会对举办国有哪些利弊？

(3) 你对中国、你的国家以及其他国家的强势（qiángshì）体育项目有什么看法？

九、看图说话：

你喜欢哪个福娃？它们的头饰各有什么特色？

# 34 中国人的姓名

关于中国人的姓名，你了解多少呢？

## 课文  🔘录音29

中国人姓的来源，大致有以下几种情况：一、以母亲的名为姓，所以很多古姓都有"女"字旁，如"姜""姚""姬"等。二、以远古时代人们崇拜的生物为姓，如"马""牛""羊""龙"等。三、以祖先的国家为姓，如"赵""宋""秦""吴"等。四、以祖先的官职为姓，如"司马""司徒"等。五、以祖先的爵位为姓，如"王""侯"等。六、以住地的方位和景物为姓，如"东郭""西门""池""柳"等。七、以职业为姓，如做陶器的人姓陶，做弓箭的人姓张，等等。八、以祖先的名号为姓，如中国人的祖先黄帝名叫轩辕，后来，轩辕就成了一个姓。

中国人的姓分单姓和复姓，也就是说，

## 生词  🔘录音28

1 姓名 xìngmíng（名）full name
2 大致 dàzhì（副、形）
    roughly; approximately
3 以下 yǐxià（名）the following
4 旁 páng(r)（名）lateral radical
    of a Chinese character
5 如 rú（动）for instance; such as
6 远古 yuǎngǔ（名）
    remote antiquity
7 时代 shídài（名）times; era
8 崇拜 chóngbài（动）
    worship; adore
9 生物 shēngwù（名）living things
10 祖先 zǔxiān（名）ancestor
11 官职 guānzhí（名）
    official position
12 爵位 juéwèi（名）
    the rank of nobility
13 住地 zhùdì（名）dwelling place
14 方位 fāngwèi（名）
    direction and position
15 景物 jǐngwù（名）scenery
16 陶器 táoqì（名）pottery
17 弓箭 gōngjiàn（名）
    bow and arrow
18 名号 mínghào（名）one's offi-
    cial and courtesy name
19 单姓 dānxìng（名）single-
    character Chinese surname
20 复姓 fùxìng（名）
    compound surname

有一个字的姓，也有两个或两个以上的字组成的姓。中国究竟有多少个姓，至今也没有准确的统计数字。宋代时，有个人写了一本《百家姓》，里面收集了500多个姓。中国现在正在使用的姓有4000多个，但常见的不过100多个。最常见的单姓有王、李、张、刘、陈等，最常见的复姓是诸葛、欧阳、司徒、司马等。

中国人的名也具有自己的传统和特点。中国人姓名排序是姓在前，名在后。名有一个字的，也有两个字的。以前，同一家族中的人，名字要按辈排列，同辈人的名字里，往往要有一个相同的字。古人的姓名比现代人的复杂，有文化、有地位的人除了姓、名以外，还有字和号。如宋代文学家苏轼，姓苏，名轼，字子瞻，号东坡；唐代诗人李白幼年时居住在四川的青莲乡，他就给自己取号"青莲居士"。

中国人的名字往往有一定的含义，如有的名字中包含着出生时的地点、时间或自然现象，如"京""晨""冬""雪"等。

21 组成 zǔchéng（动）form; compose

22 究竟 jiūjìng（副）after all

23 至今 zhìjīn（副）up to now

24 数字 shùzì（名）figure; digit

25 代 dài（名）dynasty

26 收集 shōují（动）collect; gather

27 不过 búguò（副）no more than

28 特点 tèdiǎn（名）characteristic; feature

29 排序 pái xù arrange a sequence

30 家族 jiāzú（名）clan; family

31 辈 bèi（名）generation in family

32 排列 páiliè（动）arrange; rank

33 相同 xiāngtóng（形）identical; the same

34 地位 dìwèi（名）position; status

35 字 zì（名）another name derived from the meaning of one's original name

36 号 hào（名）assumed name

37 文学 wénxué（名）literature

38 诗人 shīrén（名）poet

39 幼年 yòunián（名）childhood

40 居住 jūzhù（动）live; reside; dwell

41 取 qǔ（动）give

42 含义 hányì（名）implication; meaning

43 包含 bāohán（动）include; contain; embody

44 出生 chūshēng（动）be born

45 地点 dìdiǎn（名）place; site

有的名字希望具有某种美德，如"忠""礼""信"等。有的名字中有表示健康、长寿、幸福的意思，如"健""寿""福"等。

男人的名字和女人的名字也不一样，男人的名字多用表示威武、勇猛的字，如"虎""龙""雄""伟""刚""强"等。女人的名字常用表示温柔美丽的字，如"芳""玉""娟""静"等。

现在中国人起名已经没有古人那么多的讲究了。一般人只有小名（小时候起的非正式的名字）、大名（正式的名字），名字也不一定按辈排列了。

李王张刘陈杨黄赵周吴
徐孙朱马胡郭林何高梁
郑罗宋谢唐韩曹许邓萧
冯曾程蔡彭潘袁于董余
苏叶吕魏蒋田杜丁沈姜
范江傅钟卢汪戴崔任陆
廖姚方金邱夏谭韦贾邹
石熊孟秦阎薛侯雷白龙
段郝孔邵史毛常万顾赖
武康贺严尹钱施牛洪龚

（中国新百家姓）

想一想　说一说　说一说中国人姓的来源的几种情况。

46 美德 měidé（名）
　　virtue; moral excellence
47 忠 zhōng（形）loyal; faithful
48 礼 lǐ（名）courtesy; etiquette
49 威武 wēiwǔ（形）
　　powerful; mighty
50 勇猛 yǒngměng（形）
　　brave and powerful
51 温柔 wēnróu（形）
　　gentle and tender
52 美丽 měilì（形）beautiful
53 芳 fāng（形）fragrant
54 玉 yù（名）jade
55 娟 juān（形）beautiful; graceful
56 起名 qǐ míng(r)（动）give a name
57 讲究 jiǎngjiu（名、动、形）be
　　particular about; exquisite
58 非 fēi（头）not
59 正式 zhèngshì（形）formal

**专　名**

1 黄帝 Huángdì　Yellow Emperor,
　　a legendary state ruler in
　　ancient times
2 姜 Jiāng　a Chinese surname
3 姚 Yáo　a Chinese surname
4 姬 Jī　a Chinese surname
5 宋 Sòng　a Chinese surname
6 秦 Qín　a Chinese surname
7 吴 Wú　a Chinese surname
8 东郭 Dōngguō
　　a Chinese surname
9 池 Chí　a Chinese surname
10 柳 Liǔ　a Chinese surname
11 陶 Táo　a Chinese surname
12 轩辕 Xuānyuán
　　a Chinese surname
13 宋代 Sòngdài　Song Dynasty in
　　Chinese history
14 诸葛 Zhūgě　a Chinese surname
15 欧阳 Ōuyáng　a Chinese surname
16 苏轼 Sū Shì　a famous writer in
　　Song Dynasty
17 子瞻 Zǐzhān
　　Su Shi's given name
18 东坡 Dōngpō
　　Su Shi's assumed name

词语扩展

**1** | 崇拜 | 人们崇拜的生物　不崇拜　谁也不崇拜　崇拜歌星

① 以远古时代人们崇拜的生物为姓，如"马""牛""羊""龙"等。

② 安妮说她谁也不崇拜。

③ 马丁是个篮球迷，他很崇拜乔丹（Michael Jordan）。

④ 现在有一些年轻人特别崇拜歌星，可我却崇拜那些为人类（rénlèi mankind）做出贡献的科学家们。

**2** | 组成 | 两个或两个以上的字组成的姓　组成新的家庭

① 有一个字的姓，也有两个或两个以上的字组成的姓。

② 他跟前妻离异三年后又组成了新的家庭。

③ 我们十几个来自不同国家的同学组成了一个足球队。

④ 水是由氢（qīng hydrogen）和氧（yǎng oxygen）组成的。

**3** | 至今 | 至今也没有准确的统计数字　至今还保持着联系

① 中国究竟有多少个姓，至今也没有准确的统计数字。

② 虽然已毕业20多年了，但是他跟大学同学至今还保持着联系。

③ 妈妈半个月前就给我寄了包裹，可是我至今还没收到。

④ 妹妹幼年时的玩具，至今都还保留着。

**4** | 特点 | 具有自己的传统和特点　这道菜的特点

① 中国人的名也具有自己的传统和特点。

② 安妮的特点就是说话快，对人热情。

③ 这道菜的特点是麻（má numb）、辣、鲜、香。

④ 你能介绍一下儿这种新型手机的特点吗？

**5** | 相同 | 相同的字　相同的经历　大不相同

① 以前，同一家族中的人，名字要按辈排列，同辈人的名字里，往往要有一个相同的字。

② 因为我们俩有着相同的经历，所以成了好朋友。

③ 姐妹俩的性格、爱好都大不相同。

④ 这本书跟那本书的内容相同，可是书名不同，这是怎么回事？

**6** | 包含 | 包含着出生时的地点、时间或自然现象　包含好几层意思

① 中国人的名字往往有一定的含义，如有的名字中包含着出生时的地点、时间或自然现象，……

② 他的话虽然很简单，但却包含着好几层意思。

③ 这种保险（bǎoxiǎn　insurance）包含哪些内容？

④ 你知道包含26个字母的最短的英文句子是什么吗？

**7** | 美丽 | 温柔美丽　美丽的大眼睛　十分美丽

① 女人的名字常用表示温柔美丽的字，如"芳""玉""娟""静"等。

② 这个小姑娘长着一双美丽的大眼睛。

③ 雨后的西湖十分美丽。

④ 我小时候就听奶奶讲过这个美丽的传说。

**注意** "美"、"美丽"和 "美好"

(1) "美"和"美丽"都有好看的意思，但"美"更口语化一些。

Both "美" and "美丽" mean "好看", while "美" is often used in spoken Chinese.

(2) "美"除了好看的意思之外，还有令人满意的意思。例如：

Besides carrying the meaning of "好看", "美" also implies one's satisfaction, eg:

① 终于忙完了，今天我要美美地睡上一觉。

② 他们结婚以后的小日子过得挺美。

(3) "美好"多用于生活、前途、愿望等抽象事物。

"美好" is often used to describe the abstract concept, such as life, prospect and hope.

① 这些照片记录着我在中国最美好的日子。

② 爱让世界更美好。

## 语言点注释

> 1. 大致
> 2. "以……为……" 结构
> 3. 副词 "究竟"
> 4. 不过
> 5. 讲究

### ① 大致

"大致" 既是副词，又是形容词。

"大致" can be used either as an adverb or an adjective.

**（1）副词　Adverb**

在本课中，"大致" 是副词，是 "大概" "大约" 的意思。在句中可以作定语或状语。例如：

In this lesson, "大致" is an adverb, meaning "大概" or "大约". It can be used as an attribute or an adverbial in a sentence, eg:

根据调查，盗窃案发生的时间大致是在中午 12 点钟左右。

① 中国人姓的来源，大致有以下几种情况：……

② 据我了解，他们这几天的旅行计划大致是这样安排的。

③ 这本书我大致地看了看，写得还是不错的。

④ 马丁算了一下，他留学这两年大致花掉了 3 万美元。

（2）形容词　Adjective

除了可以是副词以外，"大致"还可以是形容词，是大体上、基本上的意思。例如：

Besides being used as an adverb, "大致" can also be used as an adjective, meaning "大体上" or "基本上", eg:

这两张图片的内容大致相同。

① 下一步该怎么做？谁来谈谈大致的想法？

② 这个学校大致的情况我都说了。你要是想了解更具体的情况，就去问马丁吧。

③ 姐妹俩的卧室布置得大致相同。

**注意** 作为形容词，"大致"不能作谓语，只能作定语或状语。

As an adjective, "大致" cannot be used as a predicate. It can only be used as an attribute or an adverbial.

② "以……为……"结构　The constrution "以……为……"

"以……为……"结构是书面语体，有以下两种意思和用法：

The structure "以……为……" is often used in written Chinese, with the following two meanings and usages.

（1）表示"把……当做……"的意思。"以"和"为"的宾语都是名词性成分。例如：

It means "把……当做……", and the objects of both "以" and "为" are nominal elements, eg:

① 以母亲的名为姓，所以很多古姓都有"女"字旁，如"姜""姚""姬"等。

② 这条路以东王村为起点，全长近 300 公里。

③ 公司决定以我们组为主要力量，三个月内完成这项任务（rènwu　task）。

（2）"要算……"的意思。表示比较起来怎么样。"为"的后边多是单音节形容词。例如：

"为" indicates a comparison if it carries the meaning of "要算……". "为" is often fol-

lowed by a monosyllabic adjective, eg:

① 在我们家乡，人们的主食以面食为主。

② 夏天的服装应以浅色为宜（yí appropriate）。

③ 他收集的光盘中以流行音乐为多。

### 3 副词"究竟"　The adverb "究竟"

副词"究竟"有以下两种意思和用法：

The adverb "究竟" has the following two meanings and usages:

（1）用于问句中，表示进一步的追问，有加强语气的作用。多用于书面，口语中常用"到底"。例如：

It is used in an interrogative sentence to make emphasis, indicating a further inquiry. It is

often used in written Chinese, while "到底" is used in spoken Chinese, eg:

① 中国究竟有多少个姓，至今也没有准确的统计数字。

② 室内温度究竟多高才对这种鲜花的生长有利？

③ 为什么这段路经常发生车祸？发生车祸的原因究竟是什么？

④ 这件事究竟由谁来负责，公司还没做出最后的决定。

（2）归根到底。有加强语气的作用。多用于评价性的陈述句。例如：

It means "on earth", and is often used to make emphasis. It is usually used in a declarative

sentence to make judgment or evaluation, eg:

① 孩子究竟是孩子，哭了一会儿又高兴起来了。

② 究竟是大城市来的，生活习惯跟我们这里就是不一样。

③ 他究竟是老教师，教学上特别有经验（jīngyàn experience）。

### 4 不过

（1）以前我们学过的"不过"是连词，表示转折，比"但是"的语气轻，多用于口语。例如：

We have learned the conjunction "不过", which indicates transition. "不过" conveys a softer

tone than "但是" and is often used in spoken Chinese, eg:

① 这个人我以前肯定见过，不过现在想不起来她叫什么名字了。

② 今天的天气不错，不过有点儿冷。

③ 他以前身体不太好，不过现在好多了。

(2) 本课中我们学习的"不过"是副词，是"只、仅仅"的意思。表示不超过某种范围，尽量把事情往小里或往轻里说。不能用于主语前。例如：

"不过", used as an adverb in this lesson means "只" and "仅仅", indicating "not to exceed a certain limit", or "to play down the importance of something". It cannot be used before the subject, eg:

这个孩子不过两三岁，就认识了很多字。

① 中国现在正在使用的姓有 4000 多个，但常见的<u>不过</u> 100 多个。

② 我不太了解情况，只不过随便说说。

③ 他不过是想向你表示一下关心，没有别的意思。

④ 那里四季常温，最高温度也不过二十七八度，是旅游度假（dù jià have vacation）的好地方。

(3) "不过"作为副词，还有一个用法，就是用在表示正向意义的形容词的后面，表示程度最高。常组成"再……不过"这样的格式。例如：

As an adverb, "不过" can also be used after an adjective in a positive sense, indicating high degree. It is often used in the "再……不过" structure, eg:

① 你要是能跟我们一起去海南旅行，那就再好不过了。

② 真羡慕你，有这么一个再聪明不过的孩子。

③ 你快买吧，这么好的苹果才一块钱一斤，真是再便宜不过了。

**5** 讲究

(1) 在本课中"讲究"是名词，指值得注意或推敲的内容。例如：

In this lesson, "讲究" is a noun and refers to what is worthy of noticing or considering, eg:

① 现在中国人起名已经没有古人那么多的<u>讲究</u>了。

② 在中国，宴会（yànhuì banquet）上的座位安排是有讲究的。

③ 在你们国家，去朋友家做客有什么讲究吗？

(2) 动词，是重视、讲求的意思。例如：

When "讲究" used as a verb, it means "to attach importance to" or "to be particular about", eg:

安妮特别讲究穿戴。

① 她这个人很讲究吃，却不注意穿戴。

② 他是一个很努力的学生，但却不太讲究学习方法。

③ 生活水平低的时候，吃穿想讲究也讲究不起来。

(3) 形容词，精美的意思。例如：

When "讲究" used as a adjective, it means "delicate", eg:

① 老王刚开了一个私家（sījiā private）菜馆，他的私家菜做法十分讲究。

② 他们的新家布置得很讲究。

③ 我这个人在吃的方面不太讲究，只要吃饱了就行。

 练 习

第 一 部分　词语练习

一、选择词语填空：

1. 大致　以……为……　崇拜　组成　究竟　至今　不过

(1) 这个演员演什么像什么，很多影迷都很_____他。

(2) 谁也不知道他_____在想什么。

(3) "全职爸爸" 们选择回归家庭_____有五个理由。

(4) 由于下起了大雨，今天来上课的同学_____10人。

(5) 请同学们_____ "感动" _____题目写一篇文章。

(6) 谁也没想到，大学毕业三年后，他们俩会_____一个家庭。

(7) 他由于一直忙着学习、研究，_____还是单身呢。

(8) 我正想去那个饭馆吃中餐呢，你这样安排再好_____了。

(9) 古代中国人最_____的动物是龙。

(10) 每个参加比赛的篮球队都由三名男队员和两名女队员_____。

(11) 林为开始怀疑自己_____有没有能力做好销售工作。

(12) 这本书我没仔细看，只是看了一下儿_____的内容。

(13) 这个年轻人认识到，销售工作一切要为客户着想，一切要_____客户_____中心。

(14) 虽然这件事已经过去将近 20 年了，但是我_____记得还很清楚。


2. 特点　相同　包含　美丽　讲究

(1) 今天她终于穿上了结婚礼服，成了一位_____、幸福的新娘。

(2) 汉语是一门很有_____的语言。

(3) 老师教育不同的学生时要_____用不同的方法。

(4) 别看他们的工作不同，但是爱好、习惯却有很多_____之处。

(5) 在中国，送礼物不能送伞，因为 "伞" 和 "散" 谐音，_____分手的意思。

(6) 他们吃东西、穿衣服都很_____。

(7) 大禹发明了筷子只是一个_____的传说，事实上，筷子的发明是劳动人民集体的智慧。

(8) 这几个同学的共同_____是都不爱说话，都喜欢文学。

(9) 这几个大学生分别进行了调查，最后得出了_____的结论 (jiélùn)。

(10) 他的名字_____了父母希望他一生平安的意思。

## 二、用所给词语完成句子或对话：

(1) 在什么时候要孩子这个问题上，_____。（大致）

(2) 这件事发生以后，他_____。（大致）

(3) 经过一段时间的讨论，_____。（以……为吉祥物）

(4) 李白因为幼时住在四川青莲，所以_____。（以……为号）

(5) 我们只知道他们俩离婚了，但是_____。（究竟）

(6) 在中国，知道李白的人很多，_____。（不过）

(7) 他专门研究过这个问题，对他来说，_____。（再……不过）

(8) 中国人喝酒的时候，_____。（讲究）

(9) 婚礼上，中国人_____，所以红色的东西很多。（讲究）

(10) A：你们都 35 岁了，_____？（究竟）

B：爸、妈，你们别发愁，我们已经想好要孩子的事了。

(11) A：这么多人来应聘，难道他们都很了解这个工作吗？

B：别看来了 50 多人，但是_____。（不过）

## 三、选择恰当的词语填空：

(1) 这个城市有很多_____。（特色　特点）

(2) 每到一个地方旅行，我都会买一些当地的_____小吃。（特色　特点）

(3) "祝你快乐" 表达了人们的_____祝福。（美丽　美好）

(4) 从这件事我看到了一个人_____的心灵。（美丽　美好）

(5) 这本书我们_____上写完了，还有一些小的修改。（大致　大体）

(6) 先招聘几个人，再成立公司，这是我们的_____想法。（大致　大体）

第 **二** 部分 综合练习

**四、根据课文内容，完成相应的练习：**

1. 用指定词语回答问题：

(1) 中国人的姓来源于几种情况？ "龙" 姓是怎么来的？（大致　以……为……）

(2) 中国人的姓有什么特点？（组成　不过）

(3) 中国人的名有什么特点？（相同　包含）

(4) 中国人起名有哪些特点？（讲究　含义　不同）

2. 用所给词语完成下列语段：

(1) 根据不准确的统计，中国人的姓＿＿＿＿＿＿＿＿＿＿＿（大致），但是常用的姓

＿＿＿＿＿＿＿＿＿＿＿（不过）。中国人的姓＿＿＿＿＿＿＿＿＿＿＿（组成），单姓＿＿＿＿＿

＿＿＿＿＿＿＿＿＿（以……为……），复姓＿＿＿＿＿＿＿＿＿＿＿（以……为……）。

(2) 中国人的名＿＿＿＿＿＿＿＿＿＿＿（特点）。在排序上，姓在前，名在后；按辈

起名，无论是一个字还是两个字的名字，＿＿＿＿＿＿＿＿＿＿＿（相同）。有的人的名比

较复杂，还＿＿＿＿＿＿＿＿＿＿＿（包含）。

(3) 中国古人起名＿＿＿＿＿＿＿＿＿＿＿（讲究），比如＿＿＿＿＿＿＿＿＿＿＿（含

义），女子常取＿＿＿＿＿＿＿＿＿＿＿（美丽），如＿＿＿＿＿＿＿＿＿＿＿，等等。

**五、阅读下面的短文，完成相应的练习：**

我是法国人，刚开始学习中文的时候，我觉得特别有意思，我发现中国人的姓名所用的字，一般都是具有一定的含义但并不专门用于人名的汉字。因此，有时候我们会开玩笑地翻译人名，偶然也会闹点笑话。法国人的名字，一般有专门的词，这些词除了人名以外，几乎不用在其他地方。

另外一种现象更有意思：一些中国人迷信 (míxìn)，竟然体现在为小孩

儿取名这方面。比如有的人第一个孩子如果是女儿，家人希望第二个是儿子，就会为小女孩儿取名"招娣"（"娣"跟"弟"谐音）。

还有一种现象，一些人认为，小孩儿取什么名字，会对他将来的人生、事业、前途（qiántú）有一定的影响，甚至会决定他的性格。他们为小孩儿取名时，还喜欢用《易经》这本书，希望从中找到对孩子最有帮助的"好名字"。

中国某些地方还新兴了一种产业，称为起名公司。这些机构专门帮人"算"出最吉利、对事业最有帮助的名字。但是不知道这样会不会造成一些人改名字。因为在一些人看来，名字会给他们带来好运。当事业不顺时，他们就要改个比较吉利的名字。

中国人的名字，往往具有很深的含义，有很值得研究的文化内容。有些人的名字很好听，很有诗意（shīyì），让人觉得中国确实是文化深厚的文明古国。但一些人用迷信的方法选择名字的现象，却不容易让人理解。

1. 用指定词语回答问题：

（1）中国人和法国人起名用的字或者词有什么不同？　（不过）

（2）在为小孩儿取名时，有些人为什么迷信？　（包含）

（3）对名字的迷信表现在哪些方面？　（大致）

（4）一些人为什么会改名？　（究竟）

2. 用所给词语把上文改写成对话：

　　　　特点　不过　美丽　究竟

马丁：我发现有些中国人在给小孩儿起名时很迷信。

林月：是，因为他们认为这样很吉利。

马丁：＿＿＿＿＿＿＿＿＿＿＿＿＿＿＿＿＿＿＿＿＿＿＿＿

林月：＿＿＿＿＿＿＿＿＿＿＿＿＿＿＿＿＿＿＿＿＿＿＿＿

马丁：＿＿＿＿＿＿＿＿＿＿＿＿＿＿＿＿＿＿＿＿＿＿＿＿

林月：＿＿＿＿＿＿＿＿＿＿＿＿＿＿＿＿＿＿＿＿＿＿＿＿

马丁：＿＿＿＿＿＿＿＿＿＿＿＿＿＿＿＿＿＿＿＿＿＿＿＿

林月：＿＿＿＿＿＿＿＿＿＿＿＿＿＿＿＿＿＿＿＿＿＿＿＿

## 六、综合填空：

全　信息　进行　当然　同样　经过　仍然　者　以上
接着　出

### 应　聘

_____几个考试，三个应聘_____被公司选定_____最后的面试。

第一个人进来后，经理告诉他："如果你能猜_____我的口袋里有多少钱，你就有机会了。_____你可以先问三个问题来得到一些_____。"_____经理和他的助手做了一个示范（shìfàn　example），让助手问了自己三个问题。

示范完了以后，第一个人开始提问："你口袋里有钱吗？你口袋里的钱都是 100 元的吗？你口袋里有硬币吗？"接着他开始猜，但是没猜对。该第二个人猜了，他问道："你口袋里_____是人民币吗？在 500 元_____还是以下？有零钱吗？"经理_____回答了他的问题，_____，他也没猜对。第三个人坐到了经理对面，他笑了笑，问道："您的口袋里有多少钱？"经理想了一下，说："你被录用了。"

## 第 ③ 部分　表达训练

## 七、听后写：🎧 录音30

| 生词： | 称呼 | chēnghu | a form of address |
| --- | --- | --- | --- |
| | 区别 | qūbié | differentiate |
| | 富贵 | fùguì | wealthy and influential |
| | 显示 | xiǎnshì | display; show; demonstrate |
| | 个性 | gèxìng | personality |

写出名字的四个功能：

(1) _____

(2) _____

(3) _____

(4) _____

八、自由表达：

(1) 你听说过关于中国人姓名的笑话吗？

(2) 了解了中国人的姓的来源，请说一说你的国家人们姓名的来源。

(3) 你认为名字有哪些功能？

九、看图说话：

# 35 春节的习俗

你知道中国的春节有哪些习俗吗？

## 课文 录音32

　　春节是中国的农历新年，也是全年最重要的节日，据说已有4000多年的历史了，已形成具有中华民族特色、丰富多彩的习俗。春节期间，中国的汉族和很多少数民族都要举行各种活动来庆祝。

### （一）祭灶

　　祭灶是中国民间影响很大、流传极广的习俗。以前，差不多每家厨房都有"灶王爷"神位。传说他是被玉帝派到人间负责管理各家灶火的，因此被作为一家的保护神而受到崇拜。

　　传说到了腊月二十三，灶王爷要升天，向玉帝汇报这家人一年的善恶，再将这一家在新的一年中应该得到的吉凶祸福带回来。所以，这一天人们都以隆重的礼节送灶神上

## 生词 录音31

1　习俗　xísú（名）
　　custom; convention
2　农历　nónglì（名）traditional
　　Chinese calendar
3　据说　jùshuō（动）it is said
4　形成　xíngchéng（动）
　　form; take shape
5　丰富多彩　fēngfù duō cǎi
　　rich and varied
6　期间　qījiān（名）
　　period; duration
7　少数民族　shǎoshù mínzú
　　ethnic minority
　　少数　shǎoshù（名）
　　minority
8　举行　jǔxíng（动）hold
9　庆祝　qìngzhù（动）celebrate
10　祭灶　jìzào（动）offer sacrifices
　　to god in charge of the
　　kitchen
11　流传　liúchuán（动）
　　spread; hand down
12　广　guǎng（形）broad; wide
13　神位　shénwèi（名）
　　memorial tablet
14　人间　rénjiān（名）the world
15　管理　guǎnlǐ（动）
　　manage; administer
16　灶火　zàohuo（名）kitchen;
　　kitchen range; cooking stove

143

天。现在，农村很多地区还有这种风俗。

## (二) 扫尘

迎新首先要除旧。扫尘就是年终大扫除。扫尘之日，全家一起动手，打扫房屋、庭院，擦洗锅碗，拆洗被褥，干干净净迎接新年。其实，人们是借助"尘"与"陈"的谐音表达除陈、除旧的愿望。

## (三) 贴春联、窗花和"福"字

在除旧迎新之际，无论城市还是农村，家家户户都要贴春联和窗花，为节日增加喜庆气氛。另外，还要把"福"字倒贴在门上，利用"倒"与"到"的谐音，表示"福到了"。

## (四) 吃年夜饭

除夕之夜，全家人要围坐在一起吃团圆饭。北方人过年吃饺子，南方人一般吃年糕。饺子象征团圆，也有除旧迎新的意思；年糕跟"年高"谐音，有新年发财的意思。

## (五) 守岁

除夕守岁是春节最重要的活动之一。除夕之夜，吃过年夜饭，全家人团聚在一起，整个晚上都闲聊、玩耍，不睡觉，共同辞旧迎新，等待新年的到来。

17 腊月 làyuè （名）the twelfth month of the lunar year

18 升天 shēng tiān（动）ascend to heaven

19 汇报 huìbào（动）report; give an account of

20 善恶 shàn'è（名）good and evil

21 吉凶 jíxiōng（名）good or bad luck

22 祸福 huòfú（名）disaster or happiness

23 隆重 lóngzhòng（形）grand; solemn

24 礼节 lǐjié（名）courtesy; etiquette

25 扫 sǎo（动）sweep; clear away

26 尘 chén（名）dust; dirt

27 除 chú（动）get rid of; eliminate

28 年终 niánzhōng（名）the end of the year

29 扫除 sǎochú（动）clear away; wipe out

30 动手 dòng shǒu（动）start work

31 庭院 tíngyuàn（名）courtyard

32 被褥 bèirù（名）bedding; bedclothes

33 借助 jièzhù（动）have the aid of

34 谐音 xiéyīn（名）homophone

35 春联 chūnlián(r)（名）Spring Festival couplets

36 窗花 chuānghuā(r)（名）paper-cut for window decoration

37 在……之际 zài…zhī jì at the time of

38 无论 wúlùn（连）no matter what, how, etc.

39 倒 dào（动）place upside down

40 利用 lìyòng（动）make use of

41 除夕 chúxī（名）New Year's Eve

## （六）给压岁钱

除夕守岁之时，长辈要给晚辈压岁钱。因为"岁"与"祟"谐音，长辈们希望压岁钱能保佑孩子平平安安。压岁钱寄托着长辈对晚辈的希望和祝福。

## （七）放爆竹

中国民间有"开门爆竹"的说法，即在新的一年到来之际，家家户户开门的第一件事就是放爆竹，以噼噼啪啪的爆竹声除旧迎新，让爆竹声带来欢乐和吉祥。

## （八）拜年

拜年是春节期间的重要活动，它与除夕夜的团圆饭一样，是最能体现"年味"的春节习俗之一。一般大年初一晚辈给长辈拜年，初二开始给亲戚拜年。同学、同事、朋友、邻居之间也要互相拜年。一声声"过年好"的祝福，拉近了心与心的距离，增进了人与人的感情。现在，除了传统的拜年方式，电话拜年、短信拜年、网上拜年等新兴拜年方式也越来越时兴。这些新兴的拜年方式适合现代人的生活观念和生活节奏，是传统与现代相结合的产物。

42 发财 fā cái（动）make a fortune
43 守岁 shǒu suì （动）stay up late or all night on New Year's Eve
44 整个 zhěnggè(r)（形）whole; total; entire
45 玩耍 wánshuǎ（动）play; have fun
46 等待 děngdài（动）wait
47 祟 suì（名）evil spirit; ghost
48 长辈 zhǎngbèi（名）elder member of a family
49 保佑 bǎoyòu（动）bless and protect
50 平安 píng'ān（形）safe and sound
51 寄托 jìtuō（动）place(hope, etc.) on
52 晚辈 wǎnbèi（名）the younger generation
53 爆竹 bàozhú（名）firecracker
54 即 jí（动）be; mean; namely
55 噼啪 pīpā（象声）pit-a-pat
56 距离 jùlí（名）distance
57 短信 duǎnxìn（名）text message
58 新兴 xīnxīng（形）new and developing
59 时兴 shíxīng（动）be fashionable and popular
60 节奏 jiézòu（名）rhythm
61 结合 jiéhé（动）combine; integrate
62 产物 chǎnwù（名）product; outcome

**专　名**

1 中华民族 Zhōnghuá Mínzú China
2 汉族 Hànzú the Han nationality
3 灶王爷 Zàowángyé god in charge of the kitchen
4 玉帝 Yùdì the Jade Emperor

　说一说中国人过春节时一般有哪些活动。

## 词语扩展

**1** 期间｜春节期间　寒假期间　大学期间　出国期间

① 春节期间，中国的汉族和很多少数民族都要举行各种活动来庆祝。

② 马丁打算寒假期间回国看看他的父母。

③ 在大学期间，他除了努力读书以外，还交了一个女朋友，也就是他现在的妻子。

④ 经理说在他出国期间，由我来负责公司的一切工作。

**2** 动手｜一起动手　动手写　动动手

① 扫尘之日，全家一起动手，打扫房屋、庭院，擦洗锅碗，拆洗被褥，干干净净迎接新年。

② 老师布置的作业，他到现在还没动手写呢。

③ 家里的活儿，父亲从来没动过手，都是母亲一个人做。

④ 你没看见大家都忙得团团转吗？你怎么就不能帮帮忙、动动手呢？

**3** 利用｜利用"倒"与"到"的谐音　利用自然条件

① 另外，还要把"福"字倒贴在屋门上，利用"倒"与"到"的谐音，表示"福到了"。

② 他利用业余时间去养老院帮助照顾那里的老人。

③ 她们把汽车上的旧安全带利用了起来，做成了漂亮的手包。

④ 近几年，这里的人们因利用当地的自然条件发展旅游而发了财。

**4** 整个｜整个晚上　整个假期　整个世界

① 除夕之夜，吃过年夜饭，全家人团聚在一起，整个晚上都闲聊、玩耍，不睡觉。

② 整个假期他都在打工，真是挺辛苦的。

③ 这个苹果放的时间太长了，整个都坏了。

④ 这次的金融（jīnróng finance）危机（wēijī crisis）影响了整个世界。

5 | 时兴 | 越来越时兴 时兴了一阵 不时兴

① 现在，除了传统的拜年方式，电话拜年、短信拜年、网上拜年等新兴拜年方式也越来越时兴。

② 这种款式的衣服时兴了一阵，现在已不再时兴了。

③ 3G 手机现在很时兴，你买了吗？

④ 听说你很讲究吃，你知道现在时兴吃什么吗？

6 | 结合 | 相结合 结合起来 结合实际

① 这些新兴的拜年方式适合现代人的生活观念和生活节奏，是传统与现代相结合的产物。

② 中西医结合起来，对有些病的治疗非常有好处。

③ 请你们结合这次语言实习，谈一谈学习汉语的感受。

④ 我们在制订（zhìdìng establish）计划的时候，一定要结合实际。

 语言点注释

> 1. 动词"据说"
> 2. "在……之际"结构
> 3. 连词"无论"
> 4. 动词"即"

1 动词"据说" The verb "据说"

"据说"是根据别人说、根据传说的意思。"据说"虽然是动词，但它本身不能有主语，在句中多用做插入语。例如：

"据说" means "it is said" or "it is known". Although "据说" is a verb, it does not have its own subject, and is often used as a parenthesis in a sentence.

① 春节是中国的农历新年，也是全年最重要的节日，据说已有4000多年的历史了。

② 据说麦克下个月要举办一个个人画展，是真的吗？

③ 据说本周末要有一次大风降温，你们出去旅行的时候得多穿些衣服。

④ 这个电影据说获得了上届电影节的多项大奖。

⑤ 这种新药据说治疗这种病的效果不错，你可以试试。

**注意**　"据说"和"听说"

"据说"和"听说"在句中都可作插入语，这时二者的意思和用法相同。但"听说"还可以在句中作谓语，"据说"却不能。例如：

Both "据说" and "听说" can be used as a parenthesis in a sentence. In this case, both of them are equivalent in meaning and usage. However, "听说" can also be used as a predicate in a sentence, while "据说" cannot.

这件事我已经听说了。（✓）

这件事我已经据说了。（×）

**2**　"在……之际"结构　The structure "在……之际"

"际"有"时候"的意思。"在……之际"就是"在……的时候"的意思。一般用于书面。例如：

"际" expresses the meaning of "when" and "在……之际" means "在……的时候". This structure is often used in written Chinese. Eg:

在春节到来之际，我要送给中国朋友一个花篮以表祝贺。

① 在除旧迎新之际，无论城市还是农村，家家户户都要贴春联和窗花，为节日增加喜庆气氛。

② 在大学毕业之际，同学们相互拍照以留纪念。

③ 在三八妇女节到来之际，祝所有的女士们节日快乐！

④ 在大学生们纷纷出国留学之际，他却选择了在国内工作。

**3** 连词 "无论" The conjunction "无论"

连词 "无论" 用于有表示任指的疑问代词或有表示选择关系的并列成分的句子里，表示在任何条件下结果或结论都不会改变。后边有 "都" 呼应。例如：

The conjunction "无论" can be used in a sentence which has arbitrary interrogative pronouns, or parallel clauses that indicate options. It means that the result or conclusion will not be changed under any conditions. It often collocates with "都", eg:

① 在除旧迎新之际，无论城市还是农村，家家户户都要贴春联和窗花，为节日增加喜庆气氛。

② 无论做什么工作，他都非常认真。

③ 无论困难有多大，我们都要克服。

④ 无论哪门课，你都得好好儿学。

⑤ 明天无论是阴天还是晴天，我们都去爬香山。

**注意** "无论" 和 "不管"

"不管" 多用于口语，"无论" 多用于书面。因此，"不管" 的后面不能用 "如何、是否" 等这些带有文言色彩的词语，"无论" 则可以。比如我们以前学过的 "无论如何"。

"不管" is often used in spoken Chinese, while "无论" is often used in written Chinese. As a result, "不管" cannot be followed by "如何" or "是否", either of which is often used in classic written Chinese, but "无论" can. A case in point is "无论如何", which we learned before.

**4** 动词 "即" The verb "即"

在本课中，"即" 是动词，"就是" 的意思。例如：

In this lesson, "即" is a verb, meaning "就是", eg:

① 中国民间有"开门爆竹"的说法，即在新的一年到来之际，家家户户开门的第一件事就是放爆竹，……

② 苏东坡是中国历史上的大文学家。苏东坡即苏轼。

③ 爷爷的儿子的儿子的儿子即重孙（chóngsūn　grandson's son）。

④ 粤（Yuè　another name for Guangdong Province）菜即广东菜，以清淡为主。

## 练习

### 第一部分　词语练习

一、选择词语填空：

1. 据说　期间　动手　在……之际　无论　利用

(1) 他是一个很乐观的人，_____什么时候看到他，他都是很高兴的样子。

(2) 我在国外留学_____，每到假期，都会到饭馆打工挣钱。

(3) 我的电脑出了点儿小毛病，我自己_____修好了。

(4) _____孔子有三千名学生。

(5) 大卫要_____放假时间好好儿研究一下儿这个问题。

(6) _____2008北京奥运会来临之际，我们每个人都送上了自己美好的祝愿。

(7) 在新年到来＿＿＿＿＿＿＿，我祝每个人好运。

(8) 中国人＿＿＿＿＿＿＿贴春联还是贴窗花，一般都用红色的纸。

(9) 这个机会不容易，你一定要＿＿＿＿＿＿＿好。

(10) 去年妈妈有一年时间在外地工作，那＿＿＿＿＿＿＿，我们一直在网上保持联系。

(11) ＿＿＿＿＿＿＿今年的大学毕业生比去年更多，就业的压力会更大。

(12) 很多事情都是这样，只要＿＿＿＿＿＿＿了，就有希望了。


2. 整个　即　时兴　结合

(1) 由于那个地方冬天太冷，＿＿＿＿＿＿＿冬天，人们都不能去那里旅行。

(2) 现在＿＿＿＿＿＿＿短信拜年，这适合现代人的生活方式和生活节奏。

(3) 学习一种语言，要把听、说、读、写＿＿＿＿＿＿＿起来学。

(4) 所谓"丁克"，＿＿＿＿＿＿＿夫妇都有收入、没有孩子的家庭。

(5) 他利用假期几乎走遍了＿＿＿＿＿＿＿中国。

(6) 奥运福娃是＿＿＿＿＿＿＿了很多人的想法创作出来的。

(7) "丁克"和单身都是现代的生活方式，在年轻人中很＿＿＿＿＿＿＿。

(8) 中国的老年人口占亚洲老年人口的二分之一，＿＿＿＿＿＿＿每两个亚洲老年人中就有一个是中国老人。


## 二、用所给词语完成句子或对话：

(1) ＿＿＿＿＿＿＿＿＿＿＿，后来做了鸟王。 (据说)

(2) ＿＿＿＿＿＿＿＿＿＿＿，几乎公司的每个人都去医院看他了。 (在……期间)

(3) 今天的饭是＿＿＿＿＿＿＿＿＿＿＿，很快就做好了。 (动手)

(4) 四年的大学学习就要结束了，＿＿＿＿＿＿＿＿＿＿＿，我希望你们每个人都能找到理想的工作。 (在……之际)

(5) 你就要出国留学去了，＿＿＿＿＿＿＿＿＿＿＿，我们祝你一路平安。 (在……之际)

(6) ＿＿＿＿＿＿＿＿＿＿＿，他都会热心帮助他。 (无论)

(7) 网络发展得很快，＿＿＿＿＿＿＿＿＿＿＿。 (利用)

(8) 那个企业家捐了很多钱，＿＿＿＿＿＿＿＿＿＿＿。 (整个)

(9) 这种病中医治不好，西医也治不好，只有＿＿＿＿＿＿＿＿＿＿＿。 (结合)

(10) HSK 考试＿＿＿＿＿＿＿＿＿＿＿。 (即)

(11) A：筷子是怎么发明的？

　　　B：＿＿＿＿＿＿＿＿＿＿＿。 (据说)

（12）A：你怎么买了这种款式的衣服？

　　　B：你不知道吧？ ＿＿＿＿＿＿＿＿＿。　（时兴）

三、选择恰当的词语填空：

（1）我＿＿＿＿＿＿那个喇叭是被那个乐器店的店员偷走的。　（据说　听说）

（2）＿＿＿＿＿＿他是那个国家最好的足球运动员。　（据说　听说）

（3）人们＿＿＿＿＿＿年糕是"年高"的谐音，表达对新年的祝福。　（利用　使用）

（4）你知道这种电饭锅的＿＿＿＿＿＿方法吗？　（利用　使用）

（5）＿＿＿＿＿＿你取得了成功，我们去饭店＿＿＿＿＿＿一下儿吧。　（庆祝　祝贺）

（6）她总是很＿＿＿＿＿，你看，她穿的这种款式的裙子今年正＿＿＿＿＿。

　　　　　　　　　　　　　　　　　　　　　　　　　　　　（时兴　时尚）

# 第二部分　综合练习 ⋯⋯⋯⋯⋯⋯⋯⋯⋯⋯⋯⋯⋯⋯⋯⋯⋯⋯⋯

四、根据课文内容，完成相应的练习：

1. 用指定词语回答问题：

　　（1）春节是一个什么样的节日？　（全年　据说）


　　（2）人们怎样庆祝春节？　（期间）


　　（3）除夕指的是哪一天？　（即）


　　（4）现在有哪些新兴的拜年方式？　（时兴　结合）


2. 模仿造句：

　　（1）（人们把"福"字倒贴在屋门上，）利用"倒"与"到"的谐音，表达"福到了"的祝福。

　　　　人们利用"尘"与"陈"的谐音，表达除陈、除旧的愿望。

（2）无论城市还是农村，家家户户都要贴春联和窗花，为节日增加喜庆气氛。

　　　　在中国，无论汉族还是少数民族，都要过年，为新的一年祝福。

（3）全家一起动手，打扫房屋，干干净净迎接新年。

　　　　小夫妻一起动手，洗菜做饭，高高兴兴过日子。

（4）电话拜年、短信拜年、网上拜年等新兴拜年方式越来越时兴。

　　　　开车旅行、骑自行车旅行等旅行方式越来越时兴。

**五、阅读下面的短文，完成相应的练习：**

　　中国有很多传统节日，其中春节、元宵节、端午节、中秋节是最重要的四个节日，以下分别介绍元宵节、端午节和中秋节。

**元宵节**

　　元宵（yuánxiāo）节在农历正月十五日。正月为元月，古人称夜为"宵"，而十五日又是一年中第一个月圆之夜，所以称正月十五为元宵节。按中国民间的传统，人们常常以观灯、猜灯谜（dēngmí）、吃元宵来庆祝这个节日。这天晚上有各式各样的灯，让人们观看、欣赏；猜灯谜就是把谜语写在纸条上，贴在五光十色的彩灯上让人猜；元宵是元宵节的传统食品。吃元宵象征家庭像十五的月亮一样团圆美满（měimǎn），寄托了人们对生活的美好愿望。

**端午节**

　　农历五月初五是中国的端午（Duānwǔ）节。端午节是中国两千多年的传统习俗，庆祝活动包括吃粽子（zòngzi）、赛龙舟（lóngzhōu）、挂艾叶（àiyè）和菖蒲（chāngpú）、喝雄黄酒等。

　　端午节的一个重要意义是为了纪念历史上伟大的爱国诗人屈原（Qū Yuán）。屈原是一位很受人爱戴（àidài）的诗人，因为自己的国家灭亡（mièwáng）而绝望（juéwàng）、悲愤（bēifèn），在农历五月初五这一天跳江自杀。人们担心江里的大鱼会吃掉屈原的尸体（shītǐ），就把糯米（nuòmǐ）饭放在竹筒（zhútǒng）里扔进江里让鱼吃，同时划船赶走江里的鱼。这些习俗流传下来就变成了吃粽子和赛龙舟的节日活动了。

中秋节

　　中秋节是中国的第二大传统节日，因为八月十五这一天在秋季的正中，所以称为中秋节。

　　中秋节和春节一样，是一个家人团圆的节日，主要活动是赏月、吃月饼。中秋之夜，月亮最圆、最亮，家家户户把瓜果、月饼等食物摆在院中的桌子上，一家人一边赏月一边吃月饼。而远在外地的人们，也会借此寄托自己对家乡和亲人的思念之情。

1. 用所给词语完成语段：

　　(1) 每年＿＿＿＿＿＿＿＿（在……之际），人们都会准备各式各样的灯，让人们欣赏，这是元宵节的传统活动之一，＿＿＿＿＿＿＿＿（即）。

　　(2) 端午节在农历五月初五，＿＿＿＿＿＿＿＿的历史了（据说），主要活动是吃粽子、赛龙舟等，人们＿＿＿＿＿＿＿＿（利用），来纪念伟大的爱国诗人屈原。

　　(3) 中秋节是中国的第二大传统节日，中秋节的＿＿＿＿＿＿＿＿（整个），人们会把＿＿＿＿＿＿＿＿（结合起来）；不能回家的人们也会借助赏月＿＿＿＿＿＿＿＿（寄托）。

　　(4) 月饼是圆的，元宵也是圆的，因此＿＿＿＿＿＿＿＿（无论……还是……），都是家人团圆的节日。

2. 用所给词语简述三个节日的时间及主要活动：

　　　据说　无论　寄托　即

元宵节：＿＿＿＿＿＿＿＿＿＿＿＿＿＿＿＿＿＿＿＿＿＿＿＿＿＿＿＿＿＿

＿＿＿＿＿＿＿＿＿＿＿＿＿＿＿＿＿＿＿＿＿＿＿＿＿＿＿＿＿＿＿＿＿＿

端午节：＿＿＿＿＿＿＿＿＿＿＿＿＿＿＿＿＿＿＿＿＿＿＿＿＿＿＿＿＿＿

＿＿＿＿＿＿＿＿＿＿＿＿＿＿＿＿＿＿＿＿＿＿＿＿＿＿＿＿＿＿＿＿＿＿

中秋节：＿＿＿＿＿＿＿＿＿＿＿＿＿＿＿＿＿＿＿＿＿＿＿＿＿＿＿＿＿＿

六、综合填空：

　　究竟　　竟然　　突然　　故意　　纷纷　　祝福　　忍不住
　　原来　　引起　　紧张　　乞丐　　打盹儿　　自　　起码

### 回家的车上

春节前，很多人都要赶回家过年。一辆公共汽车在山路上开着，路很危险，车上的乘客都有些_____。

_____，车里一个人大声唱起了歌："找点空闲，找点时间，常回家看看，带上笑容，带上_____……"他唱得真不好听！

唱歌的人坐在前面的座位上，衣服又脏又破，看上去像一个_____。他的行为_____了人们的不满，可他好像一点儿都没有感觉到。坐在他旁边座位上的一个小伙子让他别唱了，他却说："我_____小就喜欢唱歌，我想唱就唱。"

这时，全车的人实在_____了，大家_____批评他不懂_____的道理。但是那个人仍然一会儿唱，一会儿停。大家不知道那人_____怎么回事，也许脑子出了问题。

汽车下了山，这时，那个人_____安静了下来，他在小声地跟旁边的那个小伙子说着什么。过了一会儿，那个人从座位上站了起来，_____他到站了，他终于下车了。

后来，坐在他旁边的小伙子告诉我们，我们应该感谢那个人，原来他怕司机开车_____，_____大声唱歌的。

## 第三部分 表达训练

七、听后写： 录音33

生词： 公休　　　　gōngxiū　　　　　　public holiday

黄金周　　　huángjīnzhōu　　　golden week

国庆节　　　Guóqìng Jié　　　　National Day

法律　　　　fǎlǜ　　　　　　　law

法定　　　　fǎdìng　　　　　　lawful

天高气爽　　tiān gāo qì shuǎng　clear sky and fresh air

促使　　　　cùshǐ　　　　　　　urge

中国目前有两个黄金周长假，即_____

### 八、自由表达：

(1) 你的国家有哪些传统节日？说一说这些节日的活动。

(2) 说一说你的国家跟节日有关的传说故事。

(3) 与中国传统节日团圆的气氛比较，说一说你的国家的节日气氛。

### 九、看图说话：

提示　这是两幅关于春节回家的图，仔细看图，说一说你的想法。

# 36 中国概况

关于中国，你知道多少？

 **课文** 🔘 录音35

中国位于亚洲大陆的东部，太平洋西岸。她的版图好像一只头朝东、尾朝西的金鸡。中国领土面积辽阔，南北相距约5500公里，东西相距约5000公里。中国的陆地面积约为960万平方公里，海域面积473万平方公里。

中国西部高，东部低，从空中俯瞰中国大地，地势就像阶梯一样，自西向东，逐渐下降。中国的平原少，山地多，是一个多山的国家，喜马拉雅山的珠穆朗玛峰，海拔8844.43米，是世界最高峰。

中国境内河流众多，流域面积在1000平方公里以上者多达1500余条。由于主要

**生词** 🔘 录音34

1 概况 gàikuàng（名）
　　general situation
2 位于 wèiyú（动）
　　be located; be situated
3 大陆 dàlù（名）continent
4 岸 àn（名）bank; shore; coast
5 版图 bǎntú（名）
　　domain; territory
6 尾 wěi（名）tail
7 领土 lǐngtǔ（名）territory
8 面积 miànjī（名）area
9 相距 xiāngjù（动）away from
10 海域 hǎiyù（名）sea area
11 空中 kōngzhōng（名）sky
12 俯瞰 fǔkàn（动）overlook
13 地势 dìshì（名）
　　physical features of a place
14 阶梯 jiētī（名）a flight of stairs
15 平原 píngyuán（名）
　　plain; flatland
16 山地 shāndì（名）
　　mountainous region
17 峰 fēng（名）peak; summit
18 海拔 hǎibá（名）
　　height above sea level
19 境内 jìngnèi（名）
　　within the boundary
20 河流 héliú（名）rivers

河流多发源于青藏高原，从河源到河口落差很大，因此中国的水力资源非常丰富，蕴藏量达6.8亿千瓦，位居世界第一。中国最有名的河要数长江和黄河。长江全长6300公里，它的长度位居中国第一，仅次于非洲的尼罗河和南美洲的亚马逊河，为世界第三大河。黄河长5500公里，是中国第二大河，也是中华民族的"母亲河"。黄河因为河水中的含沙量大而得名。

中国的大部分地区位于北温带，气候温和，四季分明。大陆性季风气候是中国气候的主要特点。每年9月至次年4月，干寒的冬季风从西伯利亚和蒙古高原吹来，寒冷干燥，南北温差较大。每年的4月至9月，暖湿的夏季风从东部和南部海洋吹来，普遍高温多雨，南北温差较小。至于各地年平均降水量，差异很大，东南沿海可达1500毫米以上，西北内陆则只有200毫米以下。

中国有23个省，5个自治区，4个直辖

21 众多 zhòngduō（形）
    multitudinous; numerous
22 流域 liúyù（名）basin
23 达 dá（动）reach; amount to
24 余 yú（数）odd; over
25 发源 fāyuán（动）originate
26 高原 gāoyuán（名）plateau
27 河源 héyuán（名）river source
28 河口 hékǒu（名）river mouth
29 落差 luòchā（名）vertical drop
30 水力 shuǐlì（名）hydraulic power
31 资源 zīyuán（名）resource
32 蕴藏 yùncáng（动）hold in store
33 量 liàng（名）capacity
34 亿 yì（数）
    hundred million; billion
35 千瓦 qiānwǎ（量）kilowatt
36 位居 wèijū（动）be ranked at
37 数 shǔ（动）be particularly
    conspicuous by comparison
38 仅 jǐn（副）only; merely
39 次 cì（形）second-rate
40 含 hán（动）contain
41 温带 wēndài（名）
    temperate zone
42 温和 wēnhé（形）mild
43 分明 fēnmíng（形）
    obvious; distinct
44 季风 jìfēng（名）monsoon
45 至 zhì（动）till; until
46 寒 hán（形）cold
47 寒冷 hánlěng（形）cold; frigid
48 温差 wēnchā（名）
    difference in temperature
49 海洋 hǎiyáng（名）ocean
50 普遍 pǔbiàn（形）
    universal; general
51 至于 zhìyú（介）as to
52 降水 jiàngshuǐ（名、动）
    precipitation; rainfall
53 差异 chāyì（名）
    difference; diversity

市和两个特别行政区，首都是北京。4个直辖市是北京、上海、天津和重庆；两个特别行政区是香港和澳门，它们分别在1997年和1999年回归中国。

中国是世界上人口最多的国家。根据最新的统计，2008年年末全国总人口为13亿多。也就是说，在世界上，平均每5个人中就有1个中国人。如果全中国人手拉手站成一列，能环绕地球赤道40多圈。中国人口分布不均匀，东部多，特别是沿海各省的平原地区，每平方公里最多达680人以上；西部少，每平方公里在50人以下。

中国是一个统一的多民族国家，共有56个民族。在中国各民族中，汉族人口最多，约占总人口的92%。中国各民族分布状况是：汉族的分布遍及全国，主要集中在东部和中部，少数民族主要分布在西南、西北、东北等地区。

总之，中国是一个古老而年轻的国家，

54 沿海 yánhǎi（名）coastal

55 毫米 háomǐ（量）millimetre

56 内陆 nèilù（名）inland

57 则 zé（连）*a conjuction used to indicate contrast*

58 省 shěng（名）province

59 自治区 zìzhìqū（名）autonomous region

60 直辖市 zhíxiáshì（名）municipality directly under the Central Government

61 行政区 xíngzhèngqū（名）administration district

62 末 mò（名）terminal; end

63 列 liè（名）row

64 环绕 huánrào（动）surround; encircle

65 地球 dìqiú（名）earth

66 赤道 chìdào（名）equator

67 分布 fēnbù（动）distribute; spread

68 均匀 jūnyún（形）even; well-distributed

69 统一 tǒngyī（动、形）unify; unified

70 状况 zhuàngkuàng（名）status; state of affairs

71 遍及 biànjí（动）extend all over

72 集中 jízhōng（动）concentrate; centralize

73 相异 xiāngyì（动）differ; be dissimilar

**专 名**

1 太平洋 Tàipíng Yáng the Pacific Ocean

2 喜马拉雅山 Xǐmǎlāyǎ Shān the Himalayas

她与其他国家相比，有很多相同的地方，也

有很多相异之处。

3 珠穆朗玛峰 Zhūmùlǎngmǎ Fēng
   Mount Qomolangma or Mount
   Everest
4 青藏高原 Qīngzàng Gāoyuán
   the Qinghai-Tibet Plateau
5 尼罗河 Níluó Hé   the Nile
6 南美洲 Nán Měizhōu
   South America
7 亚马逊河 Yàmǎxùn Hé
   the Amazon
8 西伯利亚 Xībólìyà   Siberia
9 蒙古 Měnggǔ   Mongolia

想一想　说一说　请介绍一下中国的概况。

 **词语扩展**

① 位于 | 位于亚洲大陆的东部　位于东南沿海

　① 中国位于亚洲大陆的东部，太平洋西岸。

　② 位于东南沿海的一些城市经济比较发达。

　③ 他新买的房子位于地铁站附近，交通很方便。

　④ 珠穆朗玛峰位于喜马拉雅山之上。

② 达 | 多达1500余条　达四五千人　长达6000多公里

　① 中国境内河流众多，流域面积在1000平方公里以上者多达1500余条。

　② 近几年来我校学习的外国留学生数量增长得很快，这个学期的人数已达四五
　　千人。

③ 长江是中国最长的河，长达 6000 多公里。

④ 他没来上课的时数已达 55 个学时，所以不能参加期末考试了。

**3** | 量 | 蕴藏量　降水量　工作量　销售量

① ……因此中国的水力资源非常丰富，蕴藏量达 6.8 亿千瓦，……

② 在中国的西北地区，年降水量较少。

③ 他不想在这儿干了，因为这儿每天的工作量太大了。

④ 销售部门自从换了新经理以后，销售量大增。

**4** | 位居 | 位居世界第一　位居第二　位居前几名

① ……因此中国的水力资源非常丰富，蕴藏量达 6.8 亿千瓦，位居世界第一。

② 长江和黄河是中国的两条大河。长江最长，黄河位居第二。

③ 这个孩子既聪明又努力，每次考试她都位居前几名。

④ 从销售量来看，这个牌子的手机位居第一。

**5** | 次 | 仅次于　次子　次日　次大陆

① 长江全长 6300 公里，它的长度位居中国第一，仅次于非洲的尼罗河和南美洲的亚马逊河，……

② 他有两个儿子，当医生的那个是次子。

③ 坐火车去重庆，次日才能到达。

④ 喜马拉雅山位于南亚次大陆。

**6** | 末 | 年末　周末　月末　末班车　春末夏初

① 根据最新的统计，2008 年年末全国总人口为 13 亿多，……

② 周末的时候，我喜欢一个人骑着自行车逛北京的胡同。

③ 钱已经花光了，可是月末才能发工资，这几天该怎么过呢？

④ 因为没赶上末班车，他只好走着回家。

语言点注释

> 1. 动词 "数"
> 2. 至于
> 3. 连词 "则"
> 4. "与……相比" 结构

**① 动词 "数"   The verb "数"**

动词 "数"，读为 shǔ，有两个意思：

The verb "数" is pronounced as shǔ and has two meanings:

（1）查点数目。例如：

It is used to check the number, eg:

① 弟弟两岁的时候就会数数（shǔ shù）了。

② 这是多少钱，你帮我数一下儿。

③ 我来数一数，看看咱们一共包了多少个饺子。

（2）指出经过比较以后，名次最前的或程度最突出的。例如：

It refers to the top one in rank or the salient one by comparison, eg:

这几个人中，数他最胖。

① 中国最有名的河要<u>数</u>长江和黄河。

② 马丁的汉语水平在我们班是数一数二的。

③ 说起唱歌来，我们家数我妈妈唱得最好。

④ 在她们姐妹几个中，数老三最聪明。

⑤ 在我们销售部门，数小张挣钱最多。

## 2 至于

(1) 在本课中，"至于"是介词，用来引进另一个话题。用在小句或句子的开头，后面是引进的话题。例如：

In this lesson, "至于" is a preposition used to introduce another topic. It is often put at the beginning of a clause or a sentence and followed by the topic to be introduced, eg:

① 每年的 4 月至 9 月，暖湿的夏季风从东部和南部海洋吹来，普遍高温多雨，南北温差较小。<u>至于</u>各地年平均降水量，差异很大，……

② 我们已尽了最大的努力，至于结果怎么样，现在还很难说。

③ 这仅仅是我个人的想法，至于这样做好不好，请大家再考虑一下儿。

④ 最近公司要派人出国考察，至于派谁去，现在还没决定。

(2) "至于"除了是介词以外，还可以是动词，表示发展到某种程度。一般常用否定形式"不至于"。例如：

Besides being used as a preposition, "至于" can also be used as a verb, meaning the degree reached. It is often used in the negative form "不至于", eg:

① 虽然老人的耳朵不太好，但是大点儿声跟他讲话，他还不至于听不清。

② 这道题没那么难，好好儿想想，不至于回答不上来。

③ 她说她最近忙得都没时间吃饭、睡觉，不至于吧？

## 3 连词"则"　The conjunction "则"

"则"作为连词，一般用于书面。主要有以下几个意思和用法：

As a conjunction, "则" is often used in written Chinese, and has the following meanings and usages:

(1) 表示对比。例如：

To indicate comparison, eg:

① ……各地年平均降水量，差异很大，东南沿海可达1500毫米以上，西北内陆则只有200毫米以下。

② 这里冬季的最低温度在零下20度左右，夏季则高达三十七八度。

③ 这篇文章（wénzhāng article）太长，另一篇则太短。

(2) 表示因果或情理上的联系。例如：

To indicate the cause-effect or the logical association, eg:

① 冬季时，风吹则冷，日出则暖。

② 欲（yù desire）速（sù fast）则不达，我们还是一步一步地干吧。

(3) 表示两件事时间上承接。例如：

To indicate the time continuum of two events, eg:

① 每当花开的时候，这里则到处都是醉人的香气。

② 春风一吹，则绿草青青（qīngqīng green）。

**4** "与……相比"结构 The construction "与……相比"

"与……相比"是书面语，即"跟……进行比较"的意思。例如：

"与……相比" is used in written Chinese, meaning "跟……进行比较", eg:

他太有力量了，我没有办法与他相比。

① 总之，中国是一个古老而年轻的国家，她与其他国家相比，有很多相同的地方，也有很多相异之处。

② 与20年前相比，人们的生活水平有了很大的提高。

③ 今年与去年相比，来这里旅游的人数减少了不少。

④ 足球比赛与篮球比赛相比，你认为哪种比赛更精彩？

⑤ 虽然我们都是三年前开始学习汉语的，但是我的汉语根本没办法与他相比。

**练习**

**第一部分　词语练习**..........................................................................................

一、朗读下列词语并连线组成短语：

降水量　含沙量　蕴藏量　用电量　课程量　信息量
含量　重量　数量　质量　饭量　力量

学校的　　　　　　　　　　　　　重量

这种产品的　　　　　　　　　　　信息量

这条河流的　　　　　　　　　　　降水量

网络的　　　　　　　　　　　　　含量

这个工厂每天的　　　　　　　　　用电量

这个地区全年的平均　　　　　　　含沙量

这个小胖子的　　　　　　　　　　质量

这种水果的维生素 C　　　　　　　课程量

二、选词填空：

1. 位于　朝　达　位居　数　次　次于

(1) 每年的冬天到＿＿＿＿年春天，很多动物进入冬眠期。

(2) 美国＿＿＿＿北美洲北部。

(3) 这座楼面＿＿＿＿大海，背靠山。

(4) 我们班同学中，＿＿＿＿玛丽最爱吃辣的。

(5) 珠穆朗玛峰海拔＿＿＿＿8844.43 米，＿＿＿＿世界第一。

(6) 出了小区，他就急忙＿＿＿＿商店走去。

(7) 加拿大的面积＿＿＿＿俄罗斯的面积，＿＿＿＿世界第二。

(8) 这个学校_____这个城市的西北部。

(9) 这些出租车司机_____张师傅挣钱最多。

(10) 2008 年中国的大学毕业生_____559 万，就业压力很大。


2. 至于　则　末　与……（相比）

(1) 这个年轻人主观上不想单身，客观上_____是单身。

(2) 快到年_____了，大家都忙起来了。

(3) _____南方的夏天相比，这儿的夏天舒服多了。

(4) 我先走了，_____明天几点出发，我等你们的电话。

(5) 中国人传统上认为红色象征着吉祥喜庆，而白色_____象征着死亡。

(6) 这门课没有期中考试，只有期_____考试。

(7) _____这个问题怎么解决，目前大家还没有统一的认识。

(8) 与那本书_____，这本书的内容更丰富，更有趣。


三、用所给词语完成句子或对话：

(1) 日本和韩国_____。（位于）

(2) 根据最新的统计，中国的人口_____，_____。（达　位居）

(3) 这里的天气夏天高温多雨，冬天_____。（则）

(4) 我和姐姐生活习惯差异很大，她喜欢早睡早起，而_____。（则）

(5) 他的英语水平很高，_____。（数）

(6) 北京_____。（位于）

(7) 在这个公司，他的收入很高，_____。（次于）

(8) 进考场前，爸爸_____，意思是不要紧张。（朝）

(9) 现在我就想睡觉，_____，睡醒了觉再说吧。（至于）

(10) 目前我最关心的是我的工作，_____，我只能等待缘分到来了。（至于）

(11) _____，那个小伙子更幽默。（与……相比）

(12) A：这几部电影中，你觉得哪部最好？

　　　B：_____。（数）

(13) A：这两个城市，你更喜欢哪个？

　　　B：_____，_____。（与……相比）

第 **二** 部分　综合练习 ‥‥‥‥‥‥‥‥‥‥‥‥‥‥‥‥‥‥‥‥‥‥

**四、根据课文内容，完成相应的练习：**

1. 给下列词语排序，组成完整的句子：

（1）头朝东　的　一只　金鸡　尾朝西　好像　中国的　版图

（2）地势　从西向东　中国的　一样　像　一个　阶梯　下降的

（3）河水中　而　因为　黄河　含沙量　的　得名　大

（4）主要　汉族　集中在　中部　东部　和

（5）夏季　寒冷　则　冬李　多雨　干燥　高温

（6）沿海　差异　东南　内陆　的　降水量　西北　很大　和

2. 用所给词语完成下列语段：

（1）中国＿＿＿＿＿＿＿＿＿＿（位于），她的版图＿＿＿＿＿＿＿＿＿＿（朝）。中国的陆地面积＿＿＿＿
＿＿＿＿＿＿（达），仅次于俄罗斯和加拿大，＿＿＿＿＿＿＿＿＿＿（位居）。

（2）长江全长 6300 米，＿＿＿＿＿＿＿＿＿＿（数），而黄河＿＿＿＿＿＿＿＿＿＿（则）。

（3）＿＿＿＿＿＿＿＿＿＿（至于），属于温带气候，冬季寒冷干燥，南北温差较大，夏季高
温多雨，南北温差较小。

（4）中国的人口＿＿＿＿＿＿＿＿＿＿（达），但是人口分布不均匀，东部人口众多，＿＿＿＿＿
＿＿＿＿＿（与……相比），西部人口稀少。

**五、阅读下面的短文，完成相应的练习：**

> 　　上个世纪（shìjì）70 年代，在中国的城市里，公交车很不方便，人们
> 为了坐公交车，经常要走很远，而且去远些的地方，经常要倒两三次车。

自行车是家庭的主要交通工具，那时，有一辆名牌自行车的感觉跟现在有辆高级轿车的感觉一样。街上的汽车很少，更不用说自己买车了。

到了上世纪 80 年代，摩托车开始时兴，成为人们喜爱的交通工具。那时，摩托车是家庭富裕的象征，骑着一辆摩托车走在大街上会吸引不少人的目光。李先生说，1980 年，他花 1900 多元买了一辆高级摩托车，他说那时觉得开摩托车很骄傲，他很满足于那样的生活。1980 年后，摩托车开始逐步进入家庭。从摩托车开始，中国人的出行方式大大改变了。

如今，自行车、摩托车等交通工具已经减少了很多，人们出行的交通工具发生了根本性的变化。出门"打的"好像家常便饭，街上的公交车明显增多，非常方便。更大的变化则是私家车的不断增加，让老百姓的生活"安"上了车轮（chēlún）。许多人开着自己的轿车上下班、外出旅行以及参加朋友聚会等——汽车已经走进了普通人家的生活。

随着人们收入的持续（chíxù）增加、道路交通条件的改善（gǎishàn）、城市面积的不断扩大（kuòdà）以及消费（xiāofèi）环境的逐渐成熟，越来越多的人实现了自己买车的梦想。26 岁的小陈说："现在我再也不用挤公交车了，周末还可以开车带着女朋友出去兜风，出行真是方便多了。"

30 年过去了，如今的交通工具已经发生了很大变化：名牌轿车会不时地从身边开过，出租车招手就停，私家车的数量更是快速增加，人们的生活质量也随之发生了巨大的变化。

1. 用指定词语回答问题：

(1) 上个世纪 70 年代，中国时兴哪种交通工具？那时人们想过自己买车吗？

（数　至于）

(2) 现在中国人的交通工具发生了哪些变化？　　　　　　（与……相比）

(3) 私家车越来越多的原因是什么？　　　　　　　　　　（数量）

2. 用所给词语完成一段采访：

至于　数量　数　与……相比

**提示** 记者采访一个骑过自行车、摩托车，现在又买了轿车的人，谈中国人交通工具的变化。

记　者：您好，李先生。今天咱们谈谈您生活的变化，特别是交通工具这方面的。
李先生：您好。30年来，我和我家人的生活发生了太大的变化，我很高兴。
记　者：＿＿＿＿＿＿＿＿＿＿＿＿＿＿＿＿＿＿＿＿＿＿＿＿＿＿＿＿＿＿
李先生：＿＿＿＿＿＿＿＿＿＿＿＿＿＿＿＿＿＿＿＿＿＿＿＿＿＿＿＿＿＿
记　者：＿＿＿＿＿＿＿＿＿＿＿＿＿＿＿＿＿＿＿＿＿＿＿＿＿＿＿＿＿＿
李先生：＿＿＿＿＿＿＿＿＿＿＿＿＿＿＿＿＿＿＿＿＿＿＿＿＿＿＿＿＿＿
记　者：＿＿＿＿＿＿＿＿＿＿＿＿＿＿＿＿＿＿＿＿＿＿＿＿＿＿＿＿＿＿
李先生：＿＿＿＿＿＿＿＿＿＿＿＿＿＿＿＿＿＿＿＿＿＿＿＿＿＿＿＿＿＿
记　者：＿＿＿＿＿＿＿＿＿＿＿＿＿＿＿＿＿＿＿＿＿＿＿＿＿＿＿＿＿＿

## 六、综合填空：

什么　　于是　　以为　　并　　失望　　不得了　　首先
特别　　充满　　仔细　　除了　　往

### 一个纸杯

这天，爷爷给孙女带来一个小小的纸杯，孙女＿＿＿＿杯子里有什么＿＿＿＿的东西，可＿＿＿＿一看，里面＿＿＿＿泥土什么也没有，孙女很＿＿＿＿。

爷爷笑着对孙女说："如果你能每天＿＿＿＿这杯子里浇（jiāo）一点儿水，就一定会有特别的事发生。"

四岁的孙女对爷爷的话＿＿＿＿了好奇，＿＿＿＿就天天拿着水壶浇水。可是一个星期过去了，杯子里＿＿＿＿变化也没有。孙女没了耐心（nàixīn），于是爷爷就天天来，天天让她浇水。

终于有一天早上，孙女发现，杯子里的泥土中长出了两片小小的绿叶。孙女高兴得＿＿＿＿，让爷爷看她的新发现，＿＿＿＿问爷爷："泥土里能长出绿叶，需要的只是水，对吗？"

爷爷拍着孙女的头，说："不，宝贝儿，它＿＿＿＿需要的是你的耐心。"

## 第 ③ 部分　表达训练 · · · · · · · · · · · · · · · · · · · · · · · · · · · ·

七、听后写：　🔘 录音36

生词：测验　　　　cèyàn　　　　test

　　　记性　　　　jìxing　　　　memory

（一）小王下班后看到朋友小张在_____

_____

（二）古时候有个人记性不好，一天，_____

_____

八、自由表达：

（1）通过学习汉语，你对中国和中国的文化有了哪些了解？

（2）你的国家与中国相比，有哪些相同和相异之处？

九、看图说话：

提示　这是两幅关于中国家庭教育的图，仔细看图，说一说你的想法。

一定要保住班里第一！

绝对不能再考倒数第一！

都有压力

# 第 九 单元知识小典

## 三山五岳

中国有很多有名的山，三山五岳说的就是几座名山。三山指的是黄山、庐（lú）山和雁荡（yàndàng）山；五岳（yuè）指的是东岳泰（tài）山、西岳华山、北岳恒（héng）山、中岳嵩山（sōng）和南岳衡（héng）山。

传说"三山"是神仙（shénxiān）居住的地方，因而格外受到古人的喜爱，经常出现在古人的小说、戏曲中。

安徽省的黄山的自然景观美在奇松、怪石、云海、温泉（统称为黄山"四绝"），"登黄山，天下无山"是对黄山最合适的赞美。

江西省的庐山以它风景的"奇、秀、险、雄"闻名于世。庐山之美，不但在于自然奇秀，还在于它是"与中华民族精神和文化生活紧密联系的文化景观"。

浙江省的雁荡山以山水奇秀闻名，号称"东南第一山"。它的灵峰、灵岩（língyán）、大龙湫（qiū）称为雁荡风景三绝。

"五岳归来不看山"。五岳是中国最重要的名山，具有景观和文化双重意义。五岳各有特色：泰山雄（xióng），衡山秀（xiù），华山险，恒山奇，嵩山奥。

东岳泰山位于山东中部泰安市，高 1532 米。泰山巍峨（wēi'é）陡峻（dǒujùn），气势（qìshì）磅礴（pángbó），被尊为五岳第一，号称"天下第一山"，被视为崇高（chónggāo）、神圣（shénshèng）的象征，因此有"五岳独尊"之说。

　　西岳华山位于陕西省华阴市，高 2154 米，是五岳中最险的山，有"自古华山一条路"的说法。

　　北岳恒山位于山西省浑源县，高 2016 米。恒山山势陡峭（dǒuqiào），沟谷（gōugǔ）深邃（shēnsuì），深山藏宝，如著名的悬空寺就隐匿（yǐnnì）其中。

　　中岳嵩山位于河南省登封市，高 1491 米，自然景色奇丽，奥妙（àomiào）无穷（wúqióng）。嵩阳书院是儒家（rújiā）文化的圣地；少林寺是禅宗（chánzōng）的中心，少林武术中外闻名。

　　南岳衡山位于湖南省衡阳市，高 1300 米，是五岳中唯一一座位于南方的山。衡山林木苍郁（cāngyù），景色幽秀，有"五岳独秀"的美名。

| 崇拜 | chóngbài | （动） | 34 |
| 宠爱 | chǒng'ài | （动） | 27 |
| 出版 | chūbǎn | （动） | 28 |
| 出力 | chū lì | | 27 |
| 出色 | chūsè | （形） | 28 |
| 出生 | chūshēng | （动） | 34 |
| 除 | chú | （动） | 35 |
| 除夕 | chúxī | （名） | 35 |
| 传达 | chuándá | （动） | 28 |
| 传递 | chuándì | （动） | 33 |
| 窗花 | chuānghuā(r) | （名） | 35 |
| 创作 | chuàngzuò | （动） | 33 |
| 春联 | chūnlián(r) | （名） | 35 |
| 词语 | cíyǔ | （名） | 27 |
| 此后 | cǐhòu | （名） | 33 |
| 次 | cì | （形） | 36 |
| 挫折 | cuòzhé | （名） | 26 |

## D

| 达 | dá | （动） | 36 |
| 打击 | dǎjī | （动） | 26 |
| 大多 | dàduō | （副） | 27 |
| 大惊小怪 | dà jīng xiǎo guài | | 28 |
| 大龄 | dàlíng | （形） | 31 |
| 大陆 | dàlù | （名） | 36 |
| 大体 | dàtǐ | （副） | 30 |
| 大致 | dàzhì | （副、形） | 34 |
| 呆 | dāi | （形） | 26 |
| 代 | dài | （名） | 34 |
| 代表 | dàibiǎo | （动） | 33 |
| 带 | dài | （动） | 29 |
| 待遇 | dàiyù | （名） | 30 |
| 单亲 | dānqīn | （形） | 32 |
| 单位 | dānwèi | （名） | 30 |
| 单姓 | dānxìng | （名） | 34 |
| 当 | dāng | （介） | 33 |

| 倒 | dào | （动） | 35 |
| 倒 | dào | （副） | 31 |
| 道路 | dàolù | （名） | 26 |
| 得体 | détǐ | （形） | 28 |
| 的确 | díquè | （副） | 32 |
| 灯笼 | dēnglong | （名） | 27 |
| 等待 | děngdài | （动） | 35 |
| 瞪 | dèng | （动） | 25 |
| 低下 | dīxià | （形） | 27 |
| 地点 | dìdiǎn | （名） | 34 |
| 地球 | dìqiú | （名） | 36 |
| 地势 | dìshì | （名） | 36 |
| 地位 | dìwèi | （名） | 34 |
| 点 | diǎn | （名） | 27 |
| 丁克 | dīngkè | （名） | 29 |
| 懂事 | dǒngshì | （形） | 29 |
| 动手 | dòng shǒu | （动） | 35 |
| 读研 | dú yán | | 29 |
| 端 | duān | （动） | 25 |
| 短信 | duǎnxìn | （名） | 35 |
| 对待 | duìdài | （动） | 26 |
| 对联 | duìlián(r) | （名） | 27 |
| 对象 | duìxiàng | （名） | 32 |
| 多亏 | duōkuī | （动） | 32 |

## E

| 耳边风 | ěr biān fēng | | 29 |
| 二胡 | èrhú | （名） | 26 |

## F

| 发表 | fābiǎo | （动） | 28 |
| 发财 | fā cái | （动） | 35 |
| 发挥 | fāhuī | （动） | 30 |
| 发源 | fāyuán | （动） | 36 |
| 法则 | fǎzé | （名） | 29 |

| | | | |
|---|---|---|---|
| 寒冷 | hánlěng | （形） | 36 |
| 毫米 | háomǐ | （量） | 36 |
| 好运 | hǎoyùn | （名） | 26 |
| 号 | hào | （名） | 34 |
| 合理 | hélǐ | （形） | 25 |
| 何况 | hékuàng | （连） | 31 |
| 和平 | hépíng | （名） | 33 |
| 和谐 | héxié | （形） | 30 |
| 河口 | hékǒu | （名） | 36 |
| 河流 | héliú | （名） | 36 |
| 河源 | héyuán | （名） | 36 |
| 红包 | hóngbāo(r) | （名） | 27 |
| 红火 | hónghuo | （形） | 27 |
| 红娘 | hóngniáng | （名） | 27 |
| 红人 | hóngrén(r) | （名） | 27 |
| 后顾之忧 | hòu gù zhī yōu | | 30 |
| 后果 | hòuguǒ | （名） | 29 |
| 后续 | hòuxù | （形） | 31 |
| 户 | hù | （量） | 30 |
| 怀孕 | huáiyùn | （动） | 29 |
| 环绕 | huánrào | （动） | 36 |
| 恍然大悟 | huǎngrán dà wù | | 25 |
| 恢复 | huīfù | （动） | 32 |
| 回归 | huíguī | （动） | 30 |
| 回心转意 | huí xīn zhuǎn yì | | 29 |
| 回应 | huíyìng | （动） | 25 |
| 汇报 | huìbào | （动） | 35 |
| 会议 | huìyì | （名） | 27 |
| 婚姻 | hūnyīn | （名） | 27 |
| 活力 | huólì | （名） | 33 |
| 伙伴 | huǒbàn | （名） | 33 |
| 获得 | huòdé | （动） | 30 |
| 祸福 | huòfú | （名） | 35 |

## J

| | | | |
|---|---|---|---|
| 几乎 | jīhū | （副） | 25 |

| | | | |
|---|---|---|---|
| 机构 | jīgòu | （名） | 32 |
| 机关 | jīguān | （名） | 31 |
| 机敏 | jīmǐn | （形） | 33 |
| 鸡胸 | jīxiōng | （名） | 25 |
| 积累 | jīlěi | （动） | 25 |
| 基本 | jīběn | （形） | 27 |
| 基础 | jīchǔ | （名） | 31 |
| 激烈 | jīliè | （形） | 29 |
| 激情 | jīqíng | （名） | 33 |
| 吉凶 | jíxiōng | （名） | 35 |
| 即 | jí | （动） | 35 |
| 集中 | jízhōng | （动） | 36 |
| 记忆 | jìyì | （名） | 26 |
| 忌讳 | jìhui | （动、名） | 28 |
| 季风 | jìfēng | （名） | 36 |
| 寄托 | jìtuō | （动） | 35 |
| 祭灶 | jìzào | （动） | 35 |
| 加入 | jiārù | （动） | 32 |
| 家境 | jiājìng | （名） | 26 |
| 家务事 | jiāwùshì | （名） | 30 |
| 家族 | jiāzú | （名） | 34 |
| 价格 | jiàgé | （名） | 25 |
| 减少 | jiǎnshǎo | （动） | 30 |
| 渐渐 | jiànjiàn | （副） | 32 |
| 鉴别 | jiànbié | （动） | 28 |
| 将 | jiāng | （介） | 31 |
| 僵持 | jiāngchí | （动） | 29 |
| 讲究 | jiǎngjiu | （名、动、形） | 34 |
| 讲述 | jiǎngshù | （动） | 26 |
| 降水 | jiàngshuǐ | （名、动） | 36 |
| 交换 | jiāohuàn | （动） | 30 |
| 交际 | jiāojì | （动） | 28 |
| 阶层 | jiēcéng | （名） | 31 |
| 阶梯 | jiētī | （名） | 36 |
| 节奏 | jiézòu | （名） | 35 |
| 杰出 | jiéchū | （形） | 28 |

| 灵感 | línggǎn | （名） | 33 |
| 灵活 | línghuó | （形） | 33 |
| 领导 | lǐngdǎo | （名） | 27 |
| 领土 | lǐngtǔ | （名） | 36 |
| 留存 | liúcún | （动） | 26 |
| 流传 | liúchuán | （动） | 35 |
| 流域 | liúyù | （名） | 36 |
| 隆重 | lóngzhòng | （形） | 35 |
| 论文 | lùnwén | （名） | 28 |
| 落差 | luòchā | （名） | 36 |

## M

| 满 | mǎn | （形） | 25 |
| 美德 | měidé | （名） | 34 |
| 美好 | měihǎo | （形） | 33 |
| 美丽 | měilì | （形） | 34 |
| 美妙 | měimiào | （形） | 26 |
| 勉强 | miǎnqiǎng | （动） | 29 |
| 面积 | miànjī | （名） | 36 |
| 面临 | miànlín | （动） | 32 |
| 面子 | miànzi | （名） | 30 |
| 民族 | mínzú | （名） | 27 |
| 名号 | mínghào | （名） | 34 |
| 末 | mò | （名） | 36 |
| 母语 | mǔyǔ | （名） | 25 |
| 目前 | mùqián | （名） | 30 |

## N

| 纳闷儿 | nà mèn(r) | （动） | 25 |
| 难忘 | nán wàng | | 26 |
| 内陆 | nèilù | （名） | 36 |
| 内容 | nèiróng | （名） | 32 |
| 内向 | nèixiàng | （形） | 32 |
| 嫩 | nèn | （形） | 25 |

| 能够 | nénggòu | （助动） | 30 |
| 年幼 | niányòu | （形） | 32 |
| 年终 | niánzhōng | （名） | 35 |
| 念头 | niàntou | （名） | 32 |
| 宁愿 | nìngyuàn | （连） | 25 |
| 农历 | nónglì | （名） | 35 |
| 女性 | nǚxìng | （名） | 30 |
| 女婿 | nǚxu | （名） | 29 |

## O

| 偶然 | ǒurán | （形、副） | 32 |

## P

| 排列 | páiliè | （动） | 34 |
| 排序 | pái xù | | 34 |
| 盘子 | pánzi | （名） | 25 |
| 旁 | páng(r) | （名） | 34 |
| 喷 | pēn | （动） | 25 |
| 噼啪 | pīpā | （象声） | 35 |
| 平安 | píng'ān | （形） | 35 |
| 平衡 | pínghéng | （形） | 32 |
| 平原 | píngyuán | （名） | 36 |
| 普遍 | pǔbiàn | （形） | 36 |

## Q

| 期间 | qījiān | （名） | 35 |
| 其 | qí | （代） | 33 |
| 其他 | qítā | （代） | 31 |
| 旗 | qí | （名） | 27 |
| 启发 | qǐfā | （动） | 26 |
| 起码 | qǐmǎ | （形） | 31 |
| 起名 | qǐ míng(r) | （动） | 34 |
| 气 | qì | （动） | 29 |
| 千瓦 | qiānwǎ | （量） | 36 |

| 数字 | shùzì | （名） | 34 |
| 双方 | shuāngfāng | （名） | 30 |
| 双重 | shuāngchóng | （形） | 32 |
| 水力 | shuǐlì | （名） | 36 |
| 顺利 | shùnlì | （形） | 27 |
| 说不上 | shuōbushàng | （动） | 28 |
| 说法 | shuōfǎ | （名） | 25 |
| 硕士 | shuòshì | （名） | 31 |
| 思维 | sīwéi | （名） | 28 |
| 死亡 | sǐwáng | （动） | 27 |
| 似乎 | sìhū | （副） | 28 |
| 崇 | suì | （名） | 35 |
| 所 | suǒ | （量） | 25 |
| 所谓 | suǒwèi | （形） | 30 |
| 琐碎 | suǒsuì | （形） | 31 |

## T

| 踏 | tà | （动） | 26 |
| 抬 | tái | （动） | 25 |
| 态度 | tàidu | （名） | 26 |
| 陶器 | táoqì | （名） | 34 |
| 特点 | tèdiǎn | （名） | 34 |
| 特征 | tèzhēng | （名） | 33 |
| 特质 | tèzhì | （名） | 31 |
| 提 | tí | （动） | 29 |
| 提醒 | tíxǐng | （动） | 29 |
| 体现 | tǐxiàn | （动） | 33 |
| 天伦之乐 | tiānlún zhī lè | | 30 |
| 调节 | tiáojié | （动） | 31 |
| 调整 | tiáozhěng | （动） | 32 |
| 庭院 | tíngyuàn | （名） | 35 |
| 同 | tóng | （介） | 29 |
| 统称 | tǒngchēng | （动、名） | 33 |
| 统一 | tǒngyī | （动、形） | 36 |
| 投降 | tóuxiáng | （动） | 27 |
| 图案 | tú'àn | （名） | 33 |

| 推广 | tuīguǎng | （动） | 33 |
| 推荐 | tuījiàn | （动） | 26 |

## W

| 外孙子 | wàisūnzi | （名） | 29 |
| 完全 | wánquán | （副） | 33 |
| 玩耍 | wánshuǎ | （动） | 35 |
| 玩笑 | wánxiào | （名） | 28 |
| 晚辈 | wǎnbèi | （名） | 35 |
| 威武 | wēiwǔ | （形） | 34 |
| 微笑 | wēixiào | （动） | 25 |
| 为 | wéi | （动） | 33 |
| 违反 | wéifǎn | （动） | 29 |
| 尾 | wěi | （名） | 36 |
| 委屈 | wěiqu | （动） | 32 |
| 未必 | wèibì | （副） | 32 |
| 未来 | wèilái | （名） | 26 |
| 未免 | wèimiǎn | （副） | 28 |
| 位居 | wèijū | （动） | 36 |
| 位于 | wèiyú | （动） | 36 |
| 位置 | wèizhì | （名） | 30 |
| 温差 | wēnchā | （名） | 36 |
| 温带 | wēndài | （名） | 36 |
| 温和 | wēnhé | （形） | 36 |
| 温暖 | wēnnuǎn | （形） | 26 |
| 温柔 | wēnróu | （形） | 34 |
| 文学 | wénxué | （名） | 34 |
| 稳固 | wěngù | （形） | 29 |
| 稳妥 | wěntuǒ | （形） | 31 |
| 无论 | wúlùn | （连） | 35 |
| 无论如何 | wúlùn rúhé | | 26 |
| 无趣 | wúqù | （形） | 31 |
| 无所谓 | wúsuǒwèi | （动） | 30 |
| 物理 | wùlǐ | （名） | 28 |
| 物质 | wùzhì | （名） | 31 |
| 物种 | wùzhǒng | （名） | 33 |

| 勇猛 | yǒngměng | （形） | 34 |
| 用力 | yòng lì | （动） | 25 |
| 优秀 | yōuxiù | （形） | 28 |
| 由于 | yóuyú | （介、连） | 27 |
| 友谊 | yǒuyì | （名） | 33 |
| 有趣 | yǒuqù | （形） | 25 |
| 有序 | yǒuxù | （形） | 31 |
| 幼年 | yòunián | （名） | 34 |
| 于 | yú | （介） | 33 |
| 余 | yú | （数） | 36 |
| 与 | yǔ | （连） | 27 |
| 玉 | yù | （名） | 34 |
| 育 | yù | （动） | 29 |
| 原型 | yuánxíng | （名） | 33 |
| 缘分 | yuánfèn | （名） | 31 |
| 远古 | yuǎngǔ | （名） | 34 |
| 运气 | yùnqi | （名、形） | 27 |
| 蕴藏 | yùncáng | （动） | 36 |

## Z

| 杂事 | záshì | （名） | 31 |
| 在……之际 | zài…zhī jì | | 35 |
| 再婚 | zàihūn | （动） | 32 |
| 载体 | zàitǐ | （名） | 33 |
| 赞成 | zànchéng | （动） | 30 |
| 赞扬 | zànyáng | （动） | 28 |
| 藏羚羊 | zànglíngyáng | （名） | 33 |
| 灶火 | zàohuo | （名） | 35 |
| 造型 | zàoxíng | （名） | 33 |
| 则 | zé | （连） | 36 |
| 责备 | zébèi | （动） | 28 |
| 责任 | zérèn | （名） | 29 |
| 增多 | zēngduō | （动） | 32 |
| 增进 | zēngjìn | （动） | 29 |
| 赠送 | zèngsòng | （动） | 27 |
| 展翅 | zhǎnchì | （动） | 33 |

| 战争 | zhànzhēng | （名） | 27 |
| 长辈 | zhǎngbèi | （名） | 35 |
| 招待会 | zhāodàihuì | （名） | 28 |
| 照料 | zhàoliào | （动） | 29 |
| 真心 | zhēnxīn | （名） | 28 |
| 整个 | zhěnggè(r) | （形） | 35 |
| 正式 | zhèngshì | （形） | 34 |
| 证明 | zhèngmíng | （动） | 28 |
| 之 | zhī | （助） | 26 |
| 支持 | zhīchí | （动） | 30 |
| 支出 | zhīchū | （名、动） | 30 |
| 直辖市 | zhíxiáshì | （名） | 36 |
| 只是 | zhǐshì | （副） | 28 |
| 指 | zhǐ | （动） | 31 |
| 至 | zhì | （动） | 36 |
| 至今 | zhìjīn | （副） | 34 |
| 至于 | zhìyú | （介） | 36 |
| 质量 | zhìliàng | （名） | 29 |
| 智力 | zhìlì | （名） | 27 |
| 忠 | zhōng | （形） | 34 |
| 众多 | zhòngduō | （形） | 36 |
| 主 | zhǔ | （动） | 30 |
| 主办 | zhǔbàn | （动） | 32 |
| 主观 | zhǔguān | （形） | 31 |
| 住地 | zhùdì | （名） | 34 |
| 助教 | zhùjiào | （名） | 25 |
| 祝福 | zhùfú | （动） | 33 |
| 著作 | zhùzuò | （名） | 28 |
| 专心 | zhuānxīn | （形） | 30 |
| 装 | zhuāng | （动） | 29 |
| 状况 | zhuàngkuàng | （名） | 36 |
| 追求 | zhuīqiú | （动） | 32 |
| 捉弄 | zhuōnòng | （动） | 28 |
| 资源 | zīyuán | （名） | 36 |
| 字 | zì | （名） | 34 |
| 自 | zì | （介） | 27 |
| 自豪 | zìháo | （形） | 28 |

# 专　名

# 说　明

　　《成功之路·进步篇》一、二、三册的个别语料是在真实语料
的基础上改写而成的。由于时间、地域等多方面的原因，出版前
我们无法及时了解到部分真实语料作者的信息，无法及时与其权
利人取得联系。对此，我们希望得到权利人的理解和支持。

　　请相关著作权人直接与编者联系作品版权使用事宜。联系时
请提供相关资料：本人身份证明；作者身份证明。

编者联系方式：shirongmu@hotmail.com　　　zhanghui66@blcu.edu.cn

编者：牟世荣　张辉

2009 年 6 月